Seelensplitter

Ergebnisse des Literaturwettbewerbs
der Gruppe 508

Drava Verlag

Seelensplitter
Ergebnisse des Literaturwettbewerbs der Gruppe 508
23 ausgewählte Texte
mit einer Vorbemerkung des Veranstalters
und Einleitungen der drei Jurymitglieder
Edith Darnhofer, Helga Mračnikar und Helmut Scharf
Der Förderungspreis für neue Literatur in Kärnten wurde
veranstaltet von der *Gruppe 508* — Gesellschaft zur Förderung
neuer Kunst und dem Kulturamt der Stadt Villach
mit Unterstützung folgender Institutionen:
Kärntner Landesregierung
Bundesministerium für Unterricht und Kunst
Bank für Kärnten und Steiermark

Umschlag Peter Wieser unter Verwendung einer Zeichnung
von Rudi Benétik.
Gesamtherstellung Drava Verlag
ISBN 3-85435-045-7

Inhalt

Vorbemerkung

Die bereits im Jahre 1951 gegründete „Gruppe 508 — Gesellschaft zur Förderung neuer Kunst" führt in ihren Satzungen an: „Zweck der Vereinigung ist, Kontakt zwischen Kunstschaffenden und Kunstfreunden herzustellen und in gemeinsamer Arbeit Kunst und Künstler dem Publikum in Ausstellungen, Dichterlesungen, Druckwerken etc. nahe zu bringen".

Bei der Übernahme der Geschäftsführung durch mich im Jahre 1983 war es nun das erklärte Ziel, diese schon fast überlieferten Grundideen wieder zu erneuern und zu beleben. So wurde 1984 das „Filmstudio Villach" gegründet, es folgte das „Wochenende neuer Österreichischer Klänge" und einzelne Konzerte.

Da die Gruppe 508 gerade in den Anfangsjahren große Anstrengungen in der Veröffentlichung neuer Texte machte (Hans Leb, Heinz Pototschnig), sollte auch dieser Bereich wieder in die Vereinsarbeit einbezogen werden. Bei einem eher zufälligen Treffen mit Hans Gigacher, der ähnliche Pläne hegte, kam es dann zum Entschluß, diesen Förderugspreis für neue Literatur ins Leben zu rufen.

Wir haben dann — unsere Euphorie ausnutzend, die anscheinend ansteckend wirkte — sofort versucht, unsere Vorstellungen auf eine gesunde finanzielle Basis zu stellen und zu unserer großen Freude bei allen Stellen, die wir um Unterstützung baten, offene Ohren und eine große Bereitwilligkeit zur finanziellen Unterstützung gefunden. Allen diesen Institutionen und Privatpersonen sei an dieser Stelle herzlich gedankt.

Am meisten hat uns aber das große Echo unserer Ausschreibung gefreut und uns in unserem Bestreben, für junge Literatur eine Plattform zur Präsentation ihrer Texte zu schaffen, bestätigt.

Eines ist sicher: die Förderungspreise 1985 sind nicht die letzten.

Peter Resch
Gruppe 508

DIE JURY HAT DAS WORT

Dreigeteilte Erfüllung einer Erwartung

Kühn setzte die Gruppe 508 über ihre Ausschreibung „Förderungspreis für neue *Literatur in Kärnten“.* Neu, *nicht etwa* modern. *Was ist* neue *Literatur? Nach der Lektüre von mehr als siebzig Manuskripten steht für mich nur so viel fest:* neue *Literatur ist das, was Autoren und Autorinnen im Alter zwischen 15 und 27 Jahren für wichtig genug halten, in eine schriftliche Form zu fassen und an diesem Wettbewerb teilnehmen zu lassen;* neu *darf zunächst nicht die Forderung nach der Erfüllung meiner eigenen Erwartungshaltung bedeuten.*

Rechenschaft über meine Erwartungen ist notwendig. Ich lege sie an Hand des höchstmöglichen Anspruches ab — eine nachkommende Generation, die in Dichtkunst, womöglich mit einer neuen Sprache oder in einer zeitgemäßen Form, die Fragen der Gegenwart behandelt oder ein erarbeitetes Bild der Zukunft entwirft —, und schon finde ich mich im verstaubenden Politkämmerlein der 68er-Generation wieder . . .

Die jungen Menschen, die hier schreiben — und durchaus schreiben können —, haben nur zum kleineren Teil politisches Engagement, sie zweifeln selten an der Welt und nie an der Sprache. Sie kümmern sich in der Mehrzahl um ihre individuellen, wenn auch alterstypischen Sorgen. Genauer. Nur ein Viertel der Texte berührt Fragen, die den heutigen Menschen als Gesellschaftswesen betreffen, während die Hälfte der Texte persönliche Entwicklungsprobleme, Liebe und Freundschaft oder auch Reisen durchs eigene Erleben bringt.

Agitationstexte im Kleide der Dichtkunst (oder auch ohne dieses) gibt es keine. Von den großen Problemen, vor denen wir heute stehen, fehlt jenes der Dritten Welt ebenso wie das der Frage nach neuen Arten des demokratischen und wirtschaftlichen Verhaltens. Die Umweltdiskussion wird einige Male angerissen, die Aufrüstung spiegelt sich doch in mehreren

Einsendungen, jedoch nur als Fait accompli eines Atomkrieges. Die Minderheitenfrage, in fast jedem Staat der Welt ungenügend beachtet, taucht nur in einzelnen Sätzen Kärnten betreffend auf (so bei Walter Fanta oder Peter Krobath). Der politischen Utopie begegnet man zwar einigen Texten. Aber die einen zeigen durch die Märchenform an, daß wenig Hoffnung in die Verwirklichung ihres positiven Inhalts gesetzt wird. Die anderen sind pessimistisch und weisen durch harte Schilderungen auf eine totalitär verwaltete Zukunft.

Sind es zu viele Probleme, mit denen die nachfolgende Generation konfrontiert wird? Ist es ein Rückzug ins Private? Nein, das doch nicht. Wohl ist es ein Reflex der zunehmenden Entpolitisierung, der konservativen Reaktion der achtziger Jahre, aber es ist kein Verlust an Sensibilität (die im persönlichen Bereich mit vielen Beiträgen — so Claudia Odebrecht, Cvetka Lipuš, Rupert Henning, Martina Ebner, Wilhelm Rabitsch — gut belegt ist).

Die Sensoren sind durchaus da, auch was die Gesellschaft anlangt. Es geht allerdings nicht um die politische Analyse und um den Versuch der Änderung der Verhältnisse, sondern nur um die empfindsame Bestandsaufnahme. Da sind die Geschichten aus der Arbeitswelt von Günther Mersich, Elisabeth Ettinger, Roland Kutschek. Da sind die Erzählungen von Stefan Bulfon und Peter Krobath, die Außenseiter in den Mittelpunkt rücken. Da sind auch die Texte, welche die veränderte Rolle der Frau ebenso spiegeln wie die keimende Rückerinnerung an die Matriarchate.

Hier, scheint mir, liegt — für die noch immer recht gut gefügte patriarchale Struktur Kärntens überraschend — der wesentliche Kern der Einsendungen; zumal den Texten eine allgemeine bewußte feministische Intention nicht unterstellt werden kann. Es ist eher ein Erspüren von Wandel, wenn in einer Erzählung das Kind (bewußt wohl nur als Anspielung auf Mariens „unbefleckte“ Empfängnis gedacht) wie zu den Zeiten der alten Göttinnen aus der Mutter alleine geboren wird, und wenn andere Texte sich mit dem Schicksal eines Straßenmädchens, mit dem Problem, in der Diskothek einen Mann anzusprechen, oder auch mit der spezifisch weiblichen Erlebniswelt befassen.

Gabriele Demeters Preistext „Der Fluch der Mutter" setzt sich allerdings von diesen Arbeiten des vagen Wahrnehmens einer neuen Frau deutlich ab. Sie greift ein wichtiges Thema der heutigen Literatur von Frauen auf, das nicht Vergangenheitsbewältigung zum Ziel hat, sondern Vergangenheitsfindung. Die Suche nach jener ungeschriebenen (sic!) *Geschichte der Frauenmacht, die von der* geschriebenen (sic) *Geschichte der Männermacht verschüttet worden ist. Die Geschichte, in der Frauen die Geschichte gemacht haben. Die Geschichte, in der Frauen von heute Identifikationsfiguren für eine andere Zukunft finden können.*

In Mythen, Märchen und Sagen liegt diese Vergangenheit begraben. In diesen Särgen aus patriarchaler Überlieferungstradition liegen die Frauen mit dem Apfelbissen im Hals. Beim archäologischen Durchkämmen der Mythen, Märchen und Sagen, gehen heutige Frauen (wie Christa Wolf und Irmtraud Morgner) daran, die Vergangenheit wachzuküssen.

Gabriele Demeter greift den alten Stoff der Zauberflöte auf und interpretiert ihn auf diese Weise neu. Indem sie Regina — eine Schwester der Pamina — der aus Mozarts Oper wohlbekannten Gesellschaft hinzufügt, wird die Machtübernahme Sarastros zur verständlichen Metapher für den Übergang vom Matriarchat zum Patriarchat. Die Zauberflöte, die jetzt statt in der weiblichen in der männlichen Erbfolge weitergegeben wird, ist das deutliche Symbol dafür.

Aber es bleibt nicht bei der Vergangenheit allein. Die Erzählung spielt in der Gegenwart und weist so auf die aktuelle Machtfrage zwischen Männern und Frauen. Indirekt nimmt sie auch zu den Wertsystemen, die in der Oper durch Sarasto und die Königin der Nacht vertreten werden, Stellung. Der Sieg der „männlichen" Vernunft über die mit der Macht ver-

knüpften „weiblichen" Gefühle ist hier kritisch beleuchtet: Sarastro übt seine Macht politisch autoritär aus; die Königin der Nacht ist in der Irrenanstalt.

Gelingt es Gabriele Demeter auch nicht, den Sprung aus dem Nebel der alten typisierten „Zauberflöten"-Figuren in eine Gegenwartsfamilie von lebendigen Individuen ohne Bruch zu schaffen, so gelingt ihr doch der Bogen zum Heute und zur literarisch schön verschlüsselten Aufforderung zum Frauenwiderstand: Regina folgt zwar dem mütterlichen Befehl, Sarastro zu töten, nicht, aber — wieder getrennt von ihrer Familie — muß sie den Tyrannenmord wieder und wieder symbolisch im Traum vollziehen.

Hier also doch für mich ein Stück neuer *Literatur. Zumindest vom Inhalt her, wenn auch nicht von der Sprache. Die Sprache eingesetzt, um allein schon als Form Inhalt zu vermitteln, findet sich — andeutungsweise — bei Wilhelm Resch, eine hoffnungslose Gedanken- und Körperbewegung beschleunigend. Die auch eingangs erhobene Forderung nach einer zeitgemäßen Verpackung erfüllt nur eine einzige Einsendung. Christian Bader gelingt es, den von Videospielen, Fernsehen, Comics, Disco- und Eisdielen*sprachverhack *(sic!) ebenso wie von Motorenlärm schrillen Lautpegel von heute voll in seinen Text umzusetzen. Allerdings nicht in einer gesellschaftlich wichtigen Frauengeschichte, sondern in einer von Potenzangst und Geilheit geschüttelten Männerstory.*

Ein Nachsatz noch, in welchen ich dem Drava-Verlag danken möchte. Es war das Interesse und das Engagement des Verlags, die es ermöglichten, diesen Band bereits zur Preisverleihung und Lesung der gekürten Texte vorzulegen. Unter dem bestehenden Zeitdruck war dies nur durch aufwendigen Einsatz und elastische Organisation möglich, die weit über das normale Arbeitsausmaß beim Druck einer Anthologie hinausgehen. Überdies wendet sich der Verlag, der sich seit Jahren um die slowenischsprachige in- und ausländische Literatur verdient gemacht hat, mit diesem Band in vorbildlicher Weise auch der deutschsprachigen Literatur Kärntens zu, sodaß er — wie auch einige der zweisprachigen Autoren, die an dem Bewerb teilgenommen haben — die so notwendige verbindende Funktion zwischen den beiden Landessprachen wahrnimmt. So war es mir, über die anregende Arbeit mit vielen Texten und in der Jury hinaus, eine besondere Freude, dieses Vorwort für ein Buch aus dem Drava-Verlag zu schreiben.

Edith Darnhofer

Zwischen Kompromiß und Konsens

Vor die Aufgabe gestellt, zum vorliegenden Textband eine Art „Vorwort" zu schreiben, beschloß ich, an diese Arbeit nicht aus einer Objektivität vortäuschenden Distanz heranzugehen, sondern persönlich Stellung zu nehmen zum Auswahlverfahren und zur Arbeit der Jury, die das beinah Unmögliche zu leisten hatte, nämlich den Ausgleich zu finden zwischen subjektiven Erlebnissen des lesenden Ich und objektiven Kriterien, die der Begriff „Literatur" erfordert.

Der Idee eines literarischen Wettbewrebs kritisch gegenüberstehend (wie könnten Kunst und Konkurrenz je unter ein Dach gebracht werden!) nahm ich das Angebot des Veranstalters, in diesem Wettbewerb als Jurorin zu fungieren, erst nach einigem Zögern an. Die überraschend hohe Zahl der Teilnehmer, ein Indiz dafür, daß ein Bedarf an solchen Konkurrenzen bestand und besteht, war mir dann eine nachträgliche Bestätigung für die Richtigkeit meiner Entscheidung: immerhin haben über siebzig in Kärnten geborene oder hier lebende Autoren und Autorinnen von der Möglichkeit Gebrauch gemacht, ihr literarisches Talent in diesem Wettbewerb zu messen.

Mit den Manuskripten allein gelassen machte ich mich ohne

besondere Erwartung, wenn auch nicht ohne Spannung und Neugier, an das Lesen der Texte und las sie alle, in beliebiger Reihenfolge, an einem Wochenende. Einige Texte drängten sich vor, prägten sich selbsttätig ins Gedächtnis (z. B. „Die Telefongeschichte", „Und es wird einen Morgen geben", „Der fünfte Mann", „Die Mutter", „Schienenverkehr", „Der ganz gewöhnliche Tod des Rasputin Ranftl", „Landflucht", „Der Blinde", „Die Arbeiterin") und schienen den Blick zu verstellen für jene, die erst nach sorgfältigerem Lesen ihre Gestalt zeigten (z. B. „Flick — Das Glück dieser Erde", „Der Fluch der Mutter", „Die Amöbentiergeschichte", „Der Hang", „Das Abendgebet", „Trunken") oder auch nach mehrmaligem Lesen kein Ganzes ergaben (z. B. „Der Hobbyindianer Ludwig Wittgenstein", „Kleine Menschen", „Deine Worte . . .", „Abakà" u. a.).

Bei ihrem ersten Zusammentreffen kam die Jury schnell und bis auf eine Ausnahme („Die Gebremerten") einstimmig überein, welche Texte weder für einen Preis noch für die Publikation im Textband in Betracht kamen. Ausgeschieden wurden „Schulaufsätze", bloße Erlebnisberichte und das Erlebnis verfälschende Berichte, Vorurteile und Klischeevorstellungen bekräftigende Texte ebenso wie Texte, die sprachliche Schwächen aufweisen und von mangelndem gestalterischen Willen zeugten. Aus den verbleibenden (dreißig) Texten wurden beim zweiten Zusammetreffen der Jury weitere sieben ausgeschieden und nach einer intensiven Diskussion die drei Preisträgertexte ermittelt. Die Entscheidung war schierig, nicht einstimmig und hielt nur wenige Tage. Ein neuer Kompromiß mußte gesucht werden, folgender Konsens wurde erreicht: Walter Fantas Erzählung „Die Telefongeschichte" (der einzige Text, der aus der ursprünglichen Reihung in den Preisrängen verblieb und die uneingeschränkte Zustimmung aller drei Juroren gefunden hatte) wird der Hauptpreis zuerkannt. Gabriele Demeter-Staller erhält für ihren Text „Der Fluch der Mutter" den zweiten Preis und Stefan Bulfon für seinen Text „Der Blinde" das Arbeitsstipendium.

DIE JURY HAT DAS WORT

Regionalismus oder Provinzialität war kein Kriterium, dennoch mag es angebracht sein, nach der Art zu fragen, in der die Wirklichkeit dieses Landes in die Texte eingegangen ist. Walter Fantas in Kärnten lokalisierte Erzählung „Die Telefongeschichte" zeichnet gleichsam nebenher und doch untrennbar mit der Geschichte des Helden verbunden ein Bild Kärntens eine Stimmung, die sich lähmend, isolierend auf den Protagonisten der Erzählung legt, dem „die Halsstarrigkeit der von jedem Deutschkärntner mit Mißtrauen bedachten Minderheit im Lande ... insgeheim bewundernswert" erscheint, der jedoch politisch wie privat handlungsunfähig bleibt.

Eine Gegenfigur dazu findet sich in Peter Krobaths „Flick — Das Glück dieser Erde": Der Sandler, Opfer von Verordnungen („... Mit Gefängnisstrafe muß rechnen: wer ... nicht deutsch spricht, überhaupt nicht spricht oder in Mistkübeln stöbert.") erhebt gegen die Ordnung in diesem Land sein ohnmächtiges Gegröle, und dieses ist slowenisch, seine Muttersprache?; er erfriert, seine Spuren schmelzen weg. Doch auch das, was im Privaten begrenzt scheint: Verzweiflung, Depression, Selbstmord, schlägt um. In seiner Intensität („Trunken"), in der Hartnäckigkeit, mit der er sich in den Geschichten festsetzt, wird es ein öffentliches Symptom der Stimmung im Land.

Die Preisträgertexte werden nunmehr zusammen mit zwanzig weiteren Texten der Öffentlichkeit vorgelegt. Der literarisch interessierte Leser — mag er der Entscheidnug der Jury folgen oder nicht — ist aufgefordert, sich selbst ein Urteil zu bilden.

Helga Mračnikar
Mitte Mai 1985

DIE JURY HAT DAS WORT

Den Ungekrönten zum Trost

Sie haben sich an einem literarischen Wettbewerb beteiligt und sind nun enttäuscht, daß Sie keinen Preis erhalten haben. Verständlich in einer Welt, in der fast alles menschliche Tun bewertet wird, jeder nach Erfolg und Auszeichnung strebt und nicht nur der beste Koch, der beste Friseur und der tüchtigste Esser Rekorde aufstellen. Und während im gleichen Maße, in dem Pädagogen heute die Notengebung in Frage stellen, weil sie auf ungleichen Voraussetzungen beruht und den psychischen, physischen und sozialen Aspekt des Schülers nicht berücksichtigt, greift auf allen anderen Gebieten des Lebens die Schulmeisterei immer mehr um sich. Die Zeit will Sieger und Besiegte sehen. Die öffentliche Auszeichnung und die öffentliche Beschämung sind eine Art Spiel und Sport geworden, durch die sich der Durchschnittsbürger, der selbst an politischen und kulturellen Aktionen nicht teilnehmen kann, für sein Fernbleiben entschuldigt. Er betrachtet die Akteure als seine Schuldner, die zu leisten haben, was er selbst nicht leisten kann. Wir kennen das Phänomen vom Fußball und vom Schisport, von der Politik, von Schönheitskonkurrenzen und Song-Contests her. Presse, Rundfunk und Televison machen eifrig mit, und es ist bezeichnend, daß der jeweils Zweit-, Dritt- oder Zehntbeste nicht etwa als hervorragender Partner mit kleinen graduellen Unterschieden angesprochen, sondern als Verlierer gebrandmarkt wird, besonders dann, wenn er eine bereits errungene Leistung nicht halten kann. Die berühmte Hundertstel-Sekunde beim Schisport spielt dabei eine entscheidene Rolle.

Wir sind auf dem besten Wege, diese abartige Betrachtungsweise menschlichen Tuns, der es nicht mehr um den Wert der Sache selbst, sondern um ihren Show-Charakter, ihre mediale Verwertbarkeit geht, auch im Bereich der Kultur, im vorlie-

genden Falle der Kunst, zu übernehmen und zu akzeptieren. Ein naheliegendes Beispiel solchen Spektakels ist der alljährliche Bachmann-Preis; eine liebenswürdige Abart hingegen, der der negative Aspekt fehlt, weil sich die Auslese hinter den Kulissen und ohne Bloßstellung der Beteiligten abspielt, ist der Wettbewerb, an dem Sie teilgenommen haben. Für uns, die Initiatoren, Stifter des Preises und Jurymitglider, sind Sie, die keinen Preis erhalten haben, keineswegs Verlierer, sondern junge Idealisten, die sich in einer Zeit der Abwertung alles Geistigen, insbesondere aber der Literatur, dem Wort als einem Ausdruck des Geistes verschrieben haben. Sind aber die Leistungen des Sportes (Fußball, Schirennen, Autorennen u. a.) immerhin mit der Stoppuhr meßbar, so hatte in Ihrem Fall die Jury quer durch alle Disziplinen des Metiers zu urteilen, sie hatte, bildlich gesprochen, Abfahrt, Slalom, Sprunglauf und Langlauf unter einen Hut zu bringen: Alle Spielarten der Prosa nämlich, vom Essay bis zur Kurzgeschichte, vom Erlebnisbericht bis zum Märchen und zur Persiflage in verschiedenem Umfang, waren bestenfalls als eine Art Kür zu werten. Ihre Kriterien waren poetischer Gehalt, Charakterisierungsgabe, Sprache und Stil und wohl auch jenes Unwägbare, das jedes geistige Produkt von der Persönlichkeit seines Schöpfers auf den Empfänger ausstrahlt. Seltsamerweise ergab sich trotz dieser Vielfalt für eine Reihe von Arbeiten Übereinstimmung. Für die zwei Hauptpreise entschied schon nach der ersten vergleichenden Beratung der Konsens des Triumvirates. Aber sind Bewertungen von Preiswerbern ungleichen Alters gerecht, zumal gerade auf den Altersstufen zwischen 16 und 25 Jahren der physische und seelische Reifeprozeß — durch den Eintritt ins Berufsleben — auch im künstlerischen Bereich einen außerordentlichen Schub erfährt? Wird aber der objektive Maßstab einmal durchbrochen, so ergeben sich in der Folge sofort weitere Kriterien, die Berücksichtigung fordern und zu Kompromissen führen: das Geschlecht, der soziale Status, der Bekanntheitsgrad des Autors, seine publizistische Vorbelastung:

DIE JURY HAT DAS WORT

Soll ein Bewerber, der vor nicht allzulanger Zeit einen Preis erhalten hat, in so kurzem Zeitabstand neuerlich ausgezeichnet werden? Für die Belobung junger Meschen spielen auch Überlegungen psychologischer und pädagogischer Art eine Rolle. Schließlich aber — und nicht zuletzt — ist die Zusammensetzung der Jury, deren Mitglieder verschiedenen Generationen angehören, nicht ohne Einfluß. Einige Schwierigkeiten ergaben sich vor allem in der Frage über die Aufnahme in die vorliegende Anthologie: Gibt es für die literarische Darstellung und ihre Veröffentlichung vom Thema her Tabus? Wer — wie ich — der Dichtung eine humanistische Funktion zuschreibt, wird in der schrankenlosen Darstellung abwegiger, medizinischer, brutaler, obszöner Inhalte, sofern sie nicht einer höheren Konzeption dienen, so reizvoll dies manchem erscheinen mag, nicht zustimmen, zumal dann, wenn sie sich vulgärer Ausdrücke bedient und künstlerisch nicht bewältigt ist. Kultur und Zivilisation haben nun einmal Formen des menschlichen Umganges entwickelt, die einzelne Lebensvorgänge in die Intimsphäre verweisen. Diese private Sphäre gibt es, und sie sollte nicht unnötig durchbrochen werden. Die Verabsolutierung der künstlerischen Freiheit — wie jeder Freiheit — wurde nicht nur von den Klassikern abgelehnt, sondern auch von zeitgenössischen Dichtern und Literaturwissenschaftern als gefährlich erkannt. Mögen ihre Produkte weiterhin ihr Leben unter dem Ladenpult fristen! Wo der einzelne Juror bei der Erörterung solcher Fragen jedoch überstimmt wurde, hat er sich im Sinne demokratischer Spielregeln gefügt. Für die Preisvergabe war im allgemeinen maßgebend: ein humanistisches Thema, psychologische Glaubwürdigkeit bei aller erwarteten Entfaltung der Phantasie und die Fähigkeit zur Gestaltung des Stoffes, d. h. die Herstellung eines Spannungsverhältnisses zwischen Beginn und Ende des Elaborates und der damit verbundenen Steigerung des Handlungsverlaufes. Die Angemessenheit von Sprache und Stil war vorauszusetzen, sollte aber wie die Anlehnung an große Vorbilder gerade bei jungen Autoren nicht überbewertet werden, stellt doch das Suchen wie das Messen und Wachsen an Vorbildern bis ins vorgeschrittene Alter einen wesentlichen Faktor im Lernprozeß literarischer Eleven dar.

Eine weitere Schwierigkeit freilich verursachte der eine oder andere Autor selbst: dann nämlich, wenn er mit einer Arbeit in Erscheinung trat, die nicht die Entfaltung seines ganzen *Könnens erlaubte und die vom Leser und vom Juror voraussetzt, daß sie den Bildungsfond, aus dem er schöpft, und die Zusammenhänge, auf die er anspielt — kennen. Sie sind — man erlaube mir den Vergleich — wie Anwärterinnen auf den Preis der Schönheitskönigin, die nur die Rückseite ihrer Figur preisgeben, Gesicht und gefälligere Formen aber vor den Augen des Preisrichters verhüllen. Was der Juror nicht sieht, kann er nicht beurteilen, und darin liegt zuletzt der Trost für jeden nicht gekrönten Teilnehmer: daß sein Werk in seiner vollen Schönheit nicht erkennt, aber noch aller Ehren und Preise würdig ist, die — auch nach Vollendung seines 27. Lebensjahres — auf ihn warten.*

Helmut Scharf

WALTER FANTA

Die Telefongeschichte

Literaturpreis der Stadt Villach

„Es gilt, den Errungenschaften der modernen Technik mit kritischem Blick gegenüberzustehen ..."

„Alles ist eine Anordnung von Elektronik und Sinnlosigkeit heute ..."

„Die Massenmedien ... nicht mehr wegzudenken ... unersetzlicher Bestandteil unserer Welt!"

„Verbesserung, Erweiterung der Kommunikation ..."

„... Was für diese Welt typisch ist ... Massenmedien und Idiotendemokratie ... wo es vor Ungerechtigkeiten stinkt ... dieser niedere Gedanke an den materiellen Fortschritt ..."

„Das Telefon wenigstens hat ausschließlich Vorteile für den Menschen gebracht ..."

Wir telefonieren gern. Wir tun es aber nicht nur, weil wir es gern tun — das Telefon ist auch sehr notwendig für die Wirtschaft.

Ich denke an einen früheren Bekannten, einen Angestellten der Filialniederlassung einer großen Firma in unserer Landeshauptstadt. Es war ein junger Angestellter.

Er sitzt im Einkaufsbüro, vergleicht Preise und Qualitäten, kalkuliert, erledigt Bestellungen — telefonisch, schriftlich —, hin und wieder auch Stornierungen. Er rechnet, bestellt und bestellt ab und kann garantieren, daß „der Rubel rollt", wenn es auch für die Firma nicht immer zum Besten aussieht.

Woche für Woche macht er das im aktenangeräumten Zimmer. Zu Mittag muß man die Rollos herunterlassen, sonst brennt die Sonne von den Karawanken genau auf den Schreibtisch. In einem fort klingelt das Telefon. Immer ist etwas. Zum Glück, sonst vergeht die Zeit überhaupt nicht. Einmal ausruhen und einen Kaffee trinken — das durfte man nicht. Die

Wonisch, der alte Drachen, die Buchhalterin des Chefs, saß einem ständig im Nacken. „Lieber in einem kleinen Gasthaus als in einer großen Firma sitzen!“ lautete die Scherzfloskel unter den Kollegen. Aber dann war zu betonen, daß niemandem etwas abginge und keiner klagen dürfe.

Tag für Tag ließ er sich um Viertel nach vier in die Zentrale nach Wien verbinden. Dem Herrn in der Vermittlung brauchte er nur sagen: „Die Frau O, bitte!“ Der kannte seine Stimme.

Das Knacken und Rauschen in der Leitung, dann ihre Stimme: „Verkaufsleitung, Olger ... oh, Herr Forster! ... Wie geht's Ihnen? ... Gut? ... Fein, dann los ...!“

Forster gab seine Bestellungen durch, die Stimme am anderen Ende der Leitung wiederholte Satz für Satz. Dann warteten sie auf die Bestätigung der Lieferbarkeit durch die Verkaufsleitung.

„Na, Mister Forster, wie ist heute das Wetter bei euch da unten?... Ah, herrlich! ... Na, am Vormittag noch ein bißchen bedeckt, aber jetzt — herrlicher Sonnenschein! ... Freut mich, freut mich, Herr Forster, sehr fein für Sie ... da gibt's nach Dienstschluß ein wohlverdientes Bad im Wörther See? ... Ach, Sie bauen ja ... steht das Häuschen nicht schon? ... Ach so! Türen und Fenster. Fleißig, fleißig ... jetzt sind die Bestellungen da, ich wiederhole ...“

Fünfmal pro Woche telefonierte Forster mit Frau O, wie er sie nannte, und das schon seit drei Jahren. Kein Wunder, daß er sich öfters fragte, wie die Frau, die zu der Stimme gehörte, die Tag für Tag in seinem Ohr war, wohl sein mochte. War sie alt oder jung? Hübsch? Sie sprach immer ziemlich leise, er fand ihre Stimme wohlklingend.

Forster wußte nichts von Frau O, trotzdem war das tägliche Telefonat bedeutend für ihn. Mit den Minuten um Viertel nach vier schien ihm der Höhepunkt des Arbeitstages erreicht. Diesen Moment ersehnte Forster mit Freude, nicht nur, weil der Dienstschluß bevorstand. Das kleine private Gespräch war eine geheime Leidenschaft. Es dehnte sich zuweilen sogar ein wenig aus. Sie erzählte ihm, daß sie Ende August während ihres Urlaubs ihre Schwester in der Schweiz besuchen würde. Fuhr sie allein, hatte sie Familie, die sie mitnahm oder zu Hause ließ? Er fand keinen Anhaltspunkt. ‚Frau' Olger verlangte er am Telefon aus Gewohnheit. Hatte eine Vertretung nicht einmal statt dessen ‚Fräulein' gesagt?

Der Sommer war wieder da, und Forster fürchtete schon den August, wenn sie in die Schweiz fahren würde. Er nahm etwas Besonderes wahr in diesen täglichen, gewohnten, flüchtigen Gesprächen, eine Bindung, eine Abhängigkeit. Hatte er früher jeden Tag auf etwas völlig Unbestimmtes gewartet, so wußte er nun, worauf sich seine Ungeduld richtete. Alle Arbeitsstunden konzentrierten sich auf den Augenblick, da er ihre Stimme hören würde.

Er war einigermaßen überrascht, als sie ihm an einem gewissen Freitag nachmittag eröffnete:

„Wissen Sie, Herr Forster, ich komme am Montag spätestens zu Ihnen! . . . Ja, ja, an den Wörther See. Wir verbringen unseren Urlaub diesmal in Pörtschach . . . Na, und ob! Wie könnte ich heimfahren, ohne Sie einmal gesehen zu haben . . ."

Sie kam nicht in die Firma. Eigentlich hatte Forster nichts anderes erwartet. In ihrem Urlaub müßte sie nicht an so etwas denken. Die Woche verstrich, und am Montag meldete sich um Viertel nach vier wieder die vertraute Stimme. Sie berichtete Forster von wunderbaren Tagen am See.

Es wurde Herbst. Man begann in den Büros zu heizen. Dann fiel draußen der erste Schnee. Bis zuletzt hatte Forster mit den Eltern an der Fertigstellung des Häuschens gearbeitet. Nun zogen sie ein.

Er war ein stiller Mensch und ein Träumer. Im Umgang mit Leuten war er stets zurückhaltend gewesen. Nun aber, als er außerhalb der Stadt wohnte, verzichtete er fast gänzlich auf private Kontakte. Nach Dienstschluß pflegte er nach Hause zu fahren, um sich von der Mutter mit Essen versorgen zu lassen, mit dem Vater Karten zu spielen, vor dem Fernseher zu sitzen oder einen Roman von Simmel zu lesen, dessen tragische Liebesgeschichten er dann tagelang mit sich trug.

Bloß am Samstag abend fuhr er manchmal in die Stadt.

Meist setzte er sich in eine der Diskotheken, trank ein Bier und schaute den Mädchen beim Tanzen zu. Früher hatte er sich selbst auf die Tazfläche gewagt, aber schon lange zog er es vor, Zuseher zu bleiben.

Forster war nicht der, als der er nach außen schien. Er hätte etwas übrig gehabt für Geselligkeit, milden Spaß und Freundschaften, er litt selbst unter seiner Einsamkeit. Aber er hatte weder Interesse für Sport, noch trank er gern viel. Er hatte Scheu davor, in großer Runde das Wort zu führen, und doch dachte er anders als die, die es führten. Die Halsstarrigkeit der von jedem Deutschkärntner mit Mißtrauen bedachten Minderheit im Lande schien ihm insgeheim bewundernswert. Bei Wahlsiegen obskurer linker Gruppierungen hüpfte urplötzlich sein Herz, wenn es dazu irgendwo im Ausland kam. Aus ihm selbst unklaren Gründen empfand er Befriedigung über gelungene Terroranschläge, und wenn er in der Zeitung Berichte über Sittenverbrechen las, überlief ihn ein wollüstiger Schauer.

Freundin hatte Forster noch nie eine richtige gehabt. Seine flüchtigen Bekanntschaften waren ihm bei Parties und Festen seiner Jugendzeit zugelaufen, und er hatte sie jedesmal bald wieder aus den Augen verloren.

Die Telefonbeziehung zwischen ihm und der Kollegin in Wien war für den stillen Büroangestellten wichtiger geworden als alles übrige, mit dem er sich je verbunden gefühlt hatte. Die lächerlichen zwei oder drei Minuten wuchsen in der trostlosen Zeit des Nebels zum einzigen Inhalt. Einmal, als sich an einem Novembernachmittag eine fremde Stimme am anderen Ende meldete, ergriff ihn ein solcher Schrecken, daß er mit einem entsetzlichen Gefühl der Sprachlosigkeit den Hörer hinwarf. Über diesen panikartigen Anfall von Schwäche bestürzt, verließ er fluchtartig das Büro, irrte nach Hause und begab sich für zwei Tage in Krankenstand.

Als er seine Ruhe wiedergefunden hatte, schickte er seine Gedanken auf die Flucht nach einem zumindest zweiwöchigen Winterurlaub, welchen er seit langem plante. Doch die bekannte Ratlosigkeit ließ nicht lange von ihm ab, die Arbeit im

Büro war ihm eine Tortur, in den Stunden des Nachmittags mehrten sich Fälle von arger Zerstreutheit, die schließlich die alte Buchhalterin höchst mißtrauisch machten.

Den ganzen Winter verbrachte Forster mit Gedanken an Frau O. Wer war sie? Wie mochte sie aussehen? In langen Bürostunden oder abends vor dem Einschlafen malte er in der Fantasie ihr Bild. Seiner Illusion zufolge würde sie um die Dreißig sein, geschieden — sicher geschieden! Ihre Stimme schien ihm eher ernst, fast traurig, daher hatte sie gewiß Unglück gehabt. Sie mußte eine sehr attraktive Frau sein, daran ließ ihre Stimme ihm keinen Zweifel. Dunkelblondes oder eher kastanienbraunes Haar, große, grüne Augen, ein fast schmales Gesicht und eine schlanke Figur würden zu dieser Stimme passen. Sie war wohl mehr unauffällig, aber geschmackvoll gekleidet. Zum Lesen trug sie wahrscheinlich eine Brille.

Das kleine private Gespräch dehnte sich zuweilen etwas aus. Einmal schlug sie vor, in der Zeit des Wartens auf die Bestätigung gemeinsam eine Zigarette zu rauchen. Forster, der Nichtraucher, war verzweifelt. Mit versuchter Freude in seiner Stimme bedauerte er, nicht Feuer geben zu können. Durch den Hörer hörte er ihr Aus- und Einatmen.

„Was rauchen Sie?“

„Memphis . . .“, log er.

Es war nicht Forsters Art, sich über sich selbst und die eigene Existenz den Kopf zu zerbrechen. Seine Fantasien über Frau O. schienen ihm manchmal aber doch absurd. „Mensch, du hast sie noch nie gesehen! Was geht sie dich an?“ sagte er sich und suchte sich von der Fixierung zu lösen. Doch sie ließ ihm keine Ruhe. Er stellte sich vor, daß sie plötzlich bei ihm im Büro auftauchen würde. Ein andermal in seinen Träumereien teilte ihm der Herr in der Vermittlung mit, Frau Olger wäre nach fünfunddreißigjähriger anerkennenswerter Tätigkeit für die Firma in den verdienten Ruhestand getreten.

Im Frühjahr ergab es sich, daß Forster, wie alljährlich ein Angestellter der Filiale, auf eine Kurswoche nach Wien gesandt wurde. Sein erster Gedanke bei der Nennung galt Frau O. Er würde sie nun sehen können. Doch graute ihm vor der Begegnung. „Herr Forster, Sie wissen, daß es ihre Pflicht ist, sich bei uns im Büro anschauen zu lassen!" sagte sie am letzten Tag.

Er war jedoch in einem Quartierhaus der Firma untergebracht, welches sich in einem Außenbezirk befand, und er erhielt keine Gelegenheit, in das Verwaltungszentrum vorzustoßen. Doch immerhin fiel ihm etwas in die Hände, das Frau O. betraf. Der Kursleiter ließ ihn, es war gegen Ende des Lehrganges, in seinen Akten blättern. Dort flatterte ihm ein Verzeichnis des Personalbüros vor die Augen. Er fand, was er gesucht hatte:

Olger Franziska, Verkaufsbüro,
Drestnerstraße 69, Wien XX,
Tel. 23 6 44

Der Kurs war zu Ende gegangen. Am nächsten Vormittag sollte Forster nach Kärnten zurückfahren. In den Abendstunden zog es ihn mit fremder Gewalt in den zwanzigsten Bezirk. Er fand die Drestner Straße und er fand Haus Nummer 69: ein Mietshaus in der unendlichen Reihe der Mietshäuser. Einige Male strich er unschlüssig um das braune Gebäude. Es war halb neun. Welchen Eindruck er machen würde! Völlig unpassend! Nein, es war unmöglich. Eine lange Zeit verbrachte er mit dem unruhigen Aufundabrennen vor dem Haus. Dann entschied er sich und suchte die nächste Telefonzelle. Er wählte 23 6 44 und wartete darauf, daß sie sich meldete. Sie meldete sich. Rasch legte er auf. Wirklich, sie war es gewesen! Die gleiche Stimme, der gleiche Tonfall, die gleichen Worte wie jedesmal. Wie von Sinnen rannte er zurück zu dem Haus. Vor dem Eingang erst verzögerte er sein Tempo. „Olger" stand neben einer Klingel. Wieder erfaßte ihn die Unschlüssigkeit. Nein, es war unmöglich.

Die Nacht schritt voran. Forster stand noch immer auf der Straße. Betrunkene wankten an ihm vorüber, eine Polizeistreife fuhr vorbei, ein Regenguß ging nieder. Er wartete bis zum Morgengrauen. Mit der aufbrechenden Helligkeit erstand auch seine Zuversicht wieder. Der Gedanke griff in ihm Raum, daß sich in diesen Stunden sein Geschick entschied.

Um acht Uhr, das wußte er, begann ihr Dienst im zentralen Firmengebäude. Er würde warten, bis sie durch das Tor träte, und neben ihr hergehen, sie betrachten während des ganzen Weges und in der Straßenbahn. Halb sieben wurde es, dann sieben. Sehr bald mußte sie kommen. Die Straße war längst wieder belebt, Autos fuhren. Er lehnte sich an die Hauswand, nur wenige Schritte vom Eingangstor entfernt. Er wartete und spürte keine Müdigkeit mehr, nur Erregung, die ihm am gesamten Körper zittern ließ.

Ein altes Mütterchen kam den Gehsteig entlang. In beiden Händen hielt sie prall gefüllte Taschen, unter einem Arm hatte sie ein Paket, unterm anderen weiße Leintücher. Gebückt und keuchend schlich sie dahin. Forster wurde ihrer erst ansichtig, als sie schon Halt gemacht hatte und ihn, während sie die Sachen abstellte, anredete.

„Sie — gelt, Sie helfen mit, mir meine Sachen nach Hause zu tragen?“

Forster sah sie geistesabwesend an. Es war schon fast halb acht.

„Ich kann nimmer“, krächzte die Alte, und eine hysterische Röte trat in ihr Gesicht. Forster riß beide Taschen an sich und winkte der Alten wortlos. Ein eisiges Gefühl der Enttäuschung, der Erfolglosigkeit hielt ihn bereits gefangen. Aber mechanischen Schrittes folgte er dieser Frau. Er mußte die Taschen über Treppen hinauf schleppen, oben abwarten, bis sie nachgeschnauft kam, dann alles abstellen, so wie sie es ihm befahl. Er haßte wortlos, blicklos.

Forster kehrte zum Hauseingang Nummer 69 zurück, voll Dumpfheit, voller Selbsthaß, schlurfend, mit hängendem Kopf. Er wartete noch eine Viertelstunde. Doch sie kam nicht aus dem Haustor; niemand, der Frau O. gewesen sein könnte. Er zweifelte nicht mehr daran, er hatte sie verpaßt. Stets hatte er alles verpaßt.

GABRIELE STALLER-DEMETER

Der Fluch der Mutter

Förderungspreis der Bank für Kärnten und Steiermark

Die Mutter im Irrenhaus. Ich weiß nicht, warum ich sie überhaupt besuchte. Vielleicht deshalb, weil ich nicht wußte, warum sie sich freiwillig auslieferte.

Ich hatte sie jahrelang nicht gesehen, aber eines war mir klar: Meine Mutter würde sich nie aus Resignation Sarastros Leuten in die Hände spielen. Zu sehr hing sie an ihrer Macht, als daß sie ihm diesen Triumph über sie gegönnt hätte. Damit hätte sie sich endgültig seiner Herrschaft gebeugt. „Lieber vergifte ich mich selbst, als ihm diese Chance zu geben", hatte sie immer wieder beteuert. Nein, die Königin der Nacht, meine Mutter, konnte nicht resigniert haben. Davon war ich fest überzeugt.

Was Sarastro betraf, war ich im unklaren. Warum ließ er sie in seine geheiligte Anstalt? Was ging in ihm vor? Er mußte doch wissen, daß die Mutter alles versuchen würde, ihre Macht zurückzugewinnen, oder war er wirklich schon so von seiner Selbstherrlichkeit geblendet, daß er die Rache nicht mehr fürchtete? Den Gedanken, daß Sarastro vollen Ernstes an seinem Humanitätsgewäsch festhielt, verwarf ich gleich zu Anfang; obwohl ich allen Grund hatte, ihn zu hassen, so achtete ich ihn seiner Schläue wegen. Er wußte genauso wie wir, daß seine Herrschaft auf Unrecht und Verbrechen beruhte: Als Sklavenhalter rief er zum Krieg gegen die Mutter und ein Kind, Pamina, die Schwester, nahm er als Geisel. Zu ihrem Schutze, wie er damals schon sagte. Jetzt sagte sie es selbst — Sarastro mein, unser aller Beschützer.

„Schlau gemacht, großer Meister", dachte ich mir, doch verkniff ich mir die Antwort — ihretwegen. Stattdessen erklärte ich, auch ganz gut ohne ihn zu leben oder so etwas Ähnliches. Es schmerzt mich trotzdem, daß sie seinem Geschwätz nach wie vor Glauben schenkt.

Ich jedoch kann jene Tage, als der Mutter die Tochter und mir die Schwester hinterlistig und brutal geraubt wurde, nicht vergessen.

Pamina war es, die mich von Mutters Aufenthalt in der Nervenheilanstalt, wie sie schrieb, benachrichtigte. Der Brief war kurz und bündig, handgeschrieben. „Mutter würde sich sicherlich freuen, dich zu sehen. Du könntest auch einige Tage bei uns wohnen, wenn du länger hier bleiben wolltest. Nicht nur ich, sondern auch meine ‚hungrigen Mäuler' erwarten dich. In Liebe Pamina und Familie", schrieb sie zum Schluß. Keine Angabe über den Grund die Einlieferung. Mutter hielte es für besser, in die Anstalt zu gehen, erwähnte sie kurz, und es ginge ihr gut.

Die Mutter also freiwillig in Sarastros Händen, Pamina bei ihr, sah ich zunächst klar und nahm diese Tatsache ohne weitere Überlegung hin. Dann diese Einladung Paminas an mich. Seit ich hier mit Eva am Rande der Stadt wohnte, hatte ich sie kaum mehr gesehen. Unsere Beziehung war im Laufe der Jahre lose geworden. Wir hatten keine gemeinsamen Interessen, die Mutter war es, die uns verband. Als ich dann mit ihr brach, verloren auch wir Schwestern uns aus den Augen. Daher verwunderte mich die Einladung mehr, als daß sie mich freute. Pamina suchte den Kontakt zu mir, warum?

Im übrigen mußte sie sich Tamino gegenüber durchgesetzt haben, denn es war nicht selbstverständlich, daß mein Schwager mich in seinen vier Wänden duldete. Ich wollte die Flöte von ihm zurück, die ihm die Mutter geliehen hatte. Heute noch hänge ich an ihr. Gemäß einer uralten Tradition wurde die Flöte an die älteste Tochter, in diesem Falle war es ich, weitergegeben. Er aber, Tamino, beharrte auf seinem „Besitzrecht". Ich ließ sie ihm, um Pamina zu schonen. Sollte sie sie ihren Töchtern weitergeben. Damals bedachte ich nicht, daß Pamina einwilligen würde, dem ersten Sohn dieses Erbe anzuvertrauen. Meine naive Arglosigkeit verzeihe ich mir bis heute nicht.

Dem Brief entnahm ich, daß die Mutter nichts davon wußte, daß mich die Schwester verständigt hatte. „. . . würde sich sicherlich freuen . . ." galt mir als untrügliches Zeichen.

Dessen wäre ich mir an Paminas Stelle nicht so sicher gewesen, denn nicht zuletzt hatte ich mich der Mutter verweigert. In ihrem blinden Schmerz über den Verlust Paminas forderte sie von mir, Sarastro zu töten. Sie hatte sich zutiefst vor mir gedemütigt. Auf den Knien bat sie mich, sie zu rächen. „Bring ihn doch selber um; ich habe keinen Anlaß dazu! Du hättest wissen müssen, wozu er imstande war, um dich zu stürzen! Du hast Pamina durch deine großartige Selbstsicherheit verloren. Sarastro war nur schlau genug, den richtigen Moment zu erkennen", schleuderte ich ihr mit voller Wucht entgegen. Die Worte trafen. „So nicht, Regina, nicht mit mir!" Bebend vor Zorn stand sie auf. Vor mir stand eine fremde Frau, die rief: „Mein Fluch laste auf dir!" Nie zuvor hatte ich diese Stimme gehört. Ich blieb bei meinem Nein. Bald darauf zog ich aus.

Die Wiederbegegnung mit der Mutter und mit Pamina forderte mich schon im voraus. Die Bilder, die ich zuletzt von ihnen hatte, standen wieder in mir auf. Sie waren da, doch wollte ich nichts überstürzt haben. So wartete ich einige Tage zu, bis ich Pamina Bescheid gab zu kommen, für eine Nacht. Ich nahm ihre Einladung ernst. In den Tagen vor meiner Abreise versuchte ich mich von den alten Bildern freizumachen; es erleichterte mir den Entschluß zu fahren.

So fuhr ich ohne viel Erwartungen — die Kehrseite der Vorurteile — zuerst zu Pamina. Sie war älter geworden, wie wohl ich auch, und trug kurzgeschnittenes Haar, nicht gefärbt, wie sie zu versichern bemüht war. Ihre bequeme Kleidung, ein offenbar handgestrickter Pullover und Jeans, erstaunte mich.

Die Schwester hatte mich erwartet. Ich sagte mich für vormittag an, weil ich sichergehen konnte, daß wir um diese Zeit zumindest für einige Stunden allein sein würden. Ich lehnte Kaffee ab und trank Bier, worauf sich Pamina für ein Glas Rotwein entschied. Sie wäre dabei, das Rauchen aufzugeben, erzählte sie mir, während ich meine Zigaretten hervorkramte, doch habe sie Angst zuzunehmen. Ich fragte ein schnippisches Warum, ohne eine Antwort zu erwarten, und führte das Streichholz zur Zigarette. Sie wußte, worauf ich anspielte. „Ich möchte mir selbst gefallen." Dagegen war nichts einzuwenden, zumal ich nicht die alten Gegensätze hervorkehren wollte. Da ich nichts sagte, ich hatte mir vorgenommen, mich abwartend zu verhalten, erzählte Pamina, daß sie in ihrer Freizeit in der lokalen Frauenbewegung engagiert wäre. Wöchentlich eine Sitzung, Erfahrungsaustausch von Müttern, Hausfrauen und lohnarbeitenden Ehefrauen, auch Alleinstehende. Gemeinsame Forderungen? Kindergärten, Zebrastreifen, Schwangerschaftsprobleme. Ich fragte weiter. „Unter anderem hat sich Sarastro" — Pamina betonte den Namen zu deutlich, als daß ich ihn überhören hätte können — „für uns bei der Stadtverwaltung eingesetzt, daß wir einen Raum für die Vereinsabende zur Verfügung haben." Ich war indirekt aufgefordert zu reagieren. „Ja. Schön und gut. Nur, Pamina, warum sprichst du immer nur von Müttern? Als ob Frau sein und Mutter sein ident wäre. Eure Forderungen beziehen sich doch ausschließlich auf diesen einen Aspekt. Wer bist DU, Pamina?" Darauf konnte sie mir keine Antwort geben. Stattdessen erklärte sie mir, daß ohne die Hilfe Sarastros diese Frauenbewegung nicht möglich gewesen wäre. Das war das Stichwort. Ich schwieg. Pamina schwieg auch. Meine Befürchtung wurde wahr. Der Keil Sarastros stand zwischen uns.

Die Mutter im Irrenhaus. Die Stunde der Begegnung rückte mir näher. Wieder spürte ich ihre Allmacht, und kein Nein verhalf mir zur Distanz. Meine Vorsätze zerronnen wie eine Sandburg, wenn die Flut kommt. Langsam, unabwendbar breitete sie sich in mir aus. Zuerst die Worte, dann die Bilder und zuletzt die messerscharfen Töne. Ich konzentrierte mich auf die Worte Paminas. Aus Erfahrung wußte ich, daß ich der Allgewalt der Mutter nur durch Sprache wehren konnte. Die Schwester erzählte, daß die Mutter aufgrund eines Selbstmordversuches eingeliefert wurde. „Vorgetäuscht" fügte ich in Gedanken hinzu, bevor die Worte in die Sprachlosigkeit versanken. Ja, natürlich mit Schlaftabletten, mit Gift kannte sie sich aus. Sie wußte, wie weit sie gehen mußte. „Sie sollte schon längst entlassen werden, aber ..." — Pamina zögerte — „sie wird in zunehmendem Maße hysterisch." Auch so ein Wort

Sarastros! Schmerz, Zorn und Rache wurden entseelt und als Hysterie auszurotten versucht. Dies nennen sie heilen.

Dem nächsten Ansturm versuchte ich standzuhalten und fragte schnell und hastig: „Wie äußert sich die Hysterie?" Bevor Pamina antworten konnte, brachen die Töne in mir durch. Immer wieder und immer wieder sang die Mutter ihre Arie:

Der Hölle Rache kocht in meinem Herzen,
Tod und Verzweiflung flammet um mich her!
Fühlt nicht durch dich Sarastro Todesschmerzen,
So bist du meine Tochter nimmermehr. —
Verstoßen sei auf ewig und verlassen,
Zertrümmert alle Bande der Natur,
Wenn nicht durch dich Sarastro wird erblassen!
Hört! Rachegötter! Hört der Mutter Schwur!

In dieser Ewigkeit der Sekunden konzentrierte ich mich mit allen Fasern meines Ichs auf mein Wort: NEIN, nein, nein, nein, nein. Ich spürte noch die Blutleere in mich kriechen, dann wurde es dunkel. Als ich aus meiner Ohnmacht erwachte, mußte ich mich sofort übergeben. Alles geschah innerhalb weniger Sekunden. Pamina hatte kaum Zeit zu reagieren. Ich war ausgetrocknet und trank Unmengen von Wasser. Langsam fühlte ich mein Blut wieder fließen. Ich hatte kein anderes Wort als „Kreislaufschwäche". Spätestens jetzt wußte ich, daß die Mutter mir nicht verziehen hatte.

Schreibend versuche ich mich im Labyrinth der Eindrücke vorwärts zu tasten. Welches Spiel spielt die Mutter mit mir? Warum kann ich nicht mehr schlafen, seit ich ihr wieder begegnete? Es ist gegen vier, bald wird es dämmern. Die Mutter schien wenig erstaunt, mich zu sehen. „Hast du es dir anders überlegt, meine Tochter?" war ihre einzige Frage. Als ob all die Jahre, in denen ich sie gemieden hatte, keine Spuren hinterlassen hätten! Sinnlose Jahre der Flucht! Nein. „Nein, ich habe es mir nicht anders überlegt." „So geh, Regina" und wandte sich von mir ab. Ich verließ sprachlos den Raum.

Seither jagen mich die Träume. Immer wieder die gleichen Bilder. Ein Kind, manchmal erkenne ich Pamina, spielt auf einer Wiese. Ein junger Stier weidet in ihrer Nähe. Im Moment des Augenblicks rase ich auf ihn zu und stoße ihm den Dolch wie wild in seine Bauchseite, bis der blutüberströmte dampfende Leib vor mir auf dem Boden liegt.

STEFAN BULFON

Der Blinde

Arbeitsstipendium der Bank für Kärnten und Steiermark

Und wieder schlug er beinahe auf das Radio ein, das er doch so liebte. Er hatte plötzlich gar nicht mehr das Überlegene, Besonnene an sich. Mit hochrotem Kopf hieb er auf das Radio ein, um endlich den Knopf zu finden, der es abstellte. Konnte er doch sonst langsam darüberstreichen und jeden der kleinen Buchstaben von „on“ und „off“ erfühlen, so wollte es ihm diesmal nicht gelingen.

Es war ein Uhr und etwas danach. Wieder einmal waren es die Nachrichten gewesen, die ihn aus seinen Träumen gerissen hatten. Er saß wie immer in seinem geliebten Lehnstuhl, der, von den Jahren gezeichnet, trostlos in dem perfekt nach einem AVE-Katalog eingrichteten Zimmer neben dem Radio stand.

Und wieder einmal hatte er sich all das vorgestellt, von dem die Menschen so sprachen. Wieder einmal befühlte er die kleine gelbe Schleife, die drei schwarze Punkte zierten. „Und sie waren doch gut, diese Menschen!“ sagte er vor sich hin und erinnerte sich, wie ihm die Jungen aus dem Bus halfen, an den Polizisten, der ihn über die Straße führte. Sie waren doch wirklich gut, diese Menschen.

Allen war er unheimlich, „der Blinde“, wie ihn alle nannten. Sie konnten nicht sagen warum. Vielleicht, weil er immer so zufrieden lächelte.

Niemand kannte ihn richtig, doch kannte ihn jeder, wie das halt so ist, in einem kleinen Dorf. Jeder kannte ihn, den Blinden, den blinden Kerschersohn. Und nur ganz wenigen von denen, die dachten, sie kannten ihn, hatte er jemals sein Geheimnis gelüftet, hatte er jemals gesagt, daß er sah.

Er brauchte keine Augen um zu sehen. Er sah alles ganz

deutlich, immer, wenn er, wie eben jetzt, in seinem alten Lehnstuhl saß, direkt neben dem Radio, das fortwährend Musik plärrte. Es war das Schönste für ihn, so zu sitzen und zu denken und zu sehen. Besonders das Rot hatte es ihm angetan. Er sah es sicher tausend Mal, dieses Rot, und nie war es gleich.

Endlos geschwungen, in sich gekrümmt, über Millionen kleiner Wellen, die stetig auf und ab schwebten. Es war wirklich das schönste, dieses Rot.

Nur manchmal, wenn die Menschen von der Liebe sprachen, da sah er sie fast so schön wie das Rot. Vielleicht war es auch das Rot, denn es war ja nie gleich. Warum sollte es also nicht auch Liebe sein, dieses Rot? Nur ganz selten wurde er gestört in seinen schönen Träumen, und das war immer dann, wenn die Musik im Radio verstummte und den stündlichen Nachrichten Platz machte. Da sprachen sie von Krieg und -zig Toten, von Morden und Flugzeugentführungen. Das alles konnte er bei bestem Willen nicht sehen. Wie konnte man denn nur jemanden umbringen? Man hatte doch immer noch das Rot und die Liebe. Da kann doch alles zusammenbrechen. Das wirkt, das wußte er, das spürte er.

Ja stimmt, da war doch jemand, der ihn verstand. Bobo, der kleine runde Hund, den die Eltern ihm kauften, den er brauchte. Und Bobo saß immer im Schoß des Blinden, wenn er in seinem Sessel saß, und er sah ganz sicher auch dieses Rot. Das wußte der Blinde. Er spürte es, wenn er ihn zum Takt der Musik streichelte.

Diozepternotin hieß das Wundermittel, in das die Eltern alle Hoffnung setzten. Sie verkauften das Auto. Beweise waren doch genug da. All die bunten Bilder in den Zeitschriften, die Bilder von Blinden, die wieder sahen. Man sah es doch deutlich auf den bunten Bildern.

Ja natürlich, sie bekamen den Kredit. Günstig war er auch noch. Sie versprachen sogar, die Daumen zu halten, daß alles klappte. Dann der Schmerz. Er glaubte zu sehen, wie der Arzt vor ihm stand. Er wußte nicht, ob er ihn sah oder ihn dachte. Doch er versuchte die Welle jedes Schmerzes in Schönheit umzusetzen. Denn es war ja nicht normal, daß er plötzlich sehen sollte. Die Natur hätte ihn doch schon lange sehen lassen, wenn sie meinte, er solle sehen.

Alfons kann wieder sehen. Der Arme weiß noch nichts davon. Seine Augen sind noch verbunden.

Bitte? Etwas schielen wird er? Das macht doch nichts, Hauptsache er sieht. Der Blinde, der plötzlich nicht mehr „der Blinde" hieß, sondern schlicht und einfach Alfons, war Gesprächsthema Nummer eins in dem kleinen Dorf.

Alfons war glücklich. Er konnte es kaum mehr erwarten, daß sie ihm den Verband abnehmen und daß er wirkliches, wahrhaftes Licht sehen würde und daß er Rot nicht nur mehr zu träumen brauchte. Natürlich verstand er, daß die Binden oben bleiben müssen. Er war ja vernünftig. Immerhin hatte er ganze 18 Jahre ohne Licht gelebt. Da kam es doch auf diese paar Tage nicht mehr an. Die Schwestern lobten ihn wegen seiner Vernunft und Einsicht, doch insgeheim schien sein Herz die Minuten zu zählen, die noch nie so unendlich gewesen waren in seinem kurzen Leben.

Er dachte, was er alles unternehmen würde. Es war ihm klar, daß er trotzdem Brillen brauchte, ganz dicke und schöne.

Endlich! Der Moment war gekommen. Die Mutter stand schluchzend vor seinem Bett, halb in den Armen des Vaters liegend. Primarius Erpeldauer löste langsam und behutsam Millimeter für Millimeter die Bandagierung. Plötzlich traf Alfons ein greller Blitz, der schmerzte, und er schloß krampfhaft die Augen.

„Das ist ganz normal", sagte der Primarius zur Mutter. „Das ist das erste Zeichen, daß er wirklich sieht."

Er schwafelte noch etwas von Sternstunde der Medizin, und Alfons lag da und hatte Angst davor, seine Augen ein zweites Mal zu öffnen, den gleichen Schmerz noch einmal zu spüren. Er überwand sich, öffnete sie wieder und blickte direkt in zwei nackte Augen, die Pfeile in seine Gefühle sandten, bis sie Tränen bluteten.

Die Krankenschwester lachte und sagte: „Jetzt hast du dich zum ersten Mal selbst gesehen!" während sie den Spiegel wegzog.

Das war *er*? Das war doch gar nichts! Da waren ja keine Wellen! Da waren ja nur diese zwei kahlen, weißen Augen.

„Zeigt mir das Rot!“ schrie er, „zeigt es mir!“

Ich war ein junger Arzt in jenem Krankenhaus und Schüler des Primarius. Natürlich wußte ich von Alfons K. Plötzlich kam die kleine, flinke Krankenschwester und bat mich eindringlich, schnell etwas Rotes zu besorgen.

„Na, du weißt schon. Für den Patienten Nummer 37, den Blinden!“

Ich wußte, was sie meinte, rannte in das Zimmer 84, in welchem ich schon oft einen knallroten Mantel hängen gesehen hatte.

Ich riß den Mantel vom Haken und lief zum Zimmer 37, in dem der junge Mann mit zusammengekniffenen Augen lag.

Er öffnete langsam die Augen, sah direkt in die Röte des Bademantels, schloß sie wieder und seufzte: „Zeigt mir doch etwas Rotes!“

„Das ist rot“, sagte ich nahezu unhörbar.

Er setzte sich auf, fiel mir in die Arme und fing leise an zu weinen. Die Tränen vermischten sich mit dem vertrockneten Blut, das an den Nähten unter den Augen klebte. Langsam tropfte es auf meinen weißen Mantel.

„Erzähl mir von deinem Rot, Alfons!“ sagte ich, selbst erstaunt darüber, daß ich es gesagt hatte.

„Ich weiß es nicht mehr“, sagte er. „Vielleicht ist es doch oben wie unten und so monoton wie eures!“

SABINE KNAFL

Abendgebet

Vater unser im Himmel, sagt das Kind, geheiligt werde dein Name. Das Kind weiß nicht genau, was es redet, aber die Großmutter hat gemeint, es solle beten. Alle guten Menschen beten.

Jeden Abend kommt die Großmutter nachsehen, jeden Abend zur selben Zeit. Wenn das Licht im Flur eingeschaltet, die Küchentür mit Nachdruck geschlossen wird, dann muß sich das Kind im Bett aufsetzen, die Hände falten und das Vaterunser murmeln.

Dein Reich komme, dein Wille geschehe. Die Großmutter lächelt zufrieden, du gutes Kind, und streicht ihm durchs Haar.

Wie im Himmel, so auf Erden. Wenn die Großmutter ihm den Gutenachtkuß gegeben hat, ihre Küsse schmecken meistens nach irgendeinem Kräutertee, daß das Kind immer an Krankheit denken muß, geht sie wieder hinaus. Fast jeden Abend dreht sie sich noch einmal um, sagt, daß es doch schön sei, daß das Kind jetzt bei ihr wohne, denn seine Mutter könne sich ja doch nicht so gut um es kümmern.

Ganz genau versteht das Kind diesen Satz nicht, aber die Großmutter redet immer über die Mutter, als ob sie sie gar nicht so gern hätte. Aber das stimmt nicht. Denn wenn die Mutter zu Besuch kommt, nimmt die Großmutter sie fest in die Arme, und jedesmal meint sie, Kind, wie ich mich freue, daß du jetzt bei mir bist, endlich habe ich dich wieder.

Die Mutter wird dann immer ganz verlegen, sie weiß nicht, was sie sagen soll. Wahrscheinlich hat sie ein schlechtes Gewissen, weil sie nicht besonders oft nach Hause kommt. Jedesmal schimpft die Großmutter mit ihr, daß sie sich zu wenig um das Kind, um es, kümmere, daß sie ihre Mutterpflichten vernachlässige. Und was sie denn machen würde, wenn sie, die Großmutter, sich nicht des Kindes angenommen hätte.

Sicher hat die Mutter auch manchmal Angst vor der Großmutter. Man kann nie ganz sicher vor ihr sein. Sie weiß manchmal von Dingen, die ihr niemand gesagt hat. Oft steht sie auch mitten im Zimmer, obwohl das Kind sie nicht hereinkommen gehört hat. Die Mutter tut ihm leid, weil die Großmutter dauernd auf ihr herumhackt. Aber der Großmutter kann es sowieso fast niemand recht machen. Beim Einkaufen regt sie sich auch meistens auf, daß das Gemüse nicht frisch und das Fleisch nicht mager genug sei. Außerdem alles viel zu teuer. Um dieses Geld hätte man früher, zu ihrer Zeit, das Dreifache kaufen können. Dann fügt sie noch hinzu, daß man das ja kenne, daß hilflose, alte Frauen wie sie immer ausgenützt werden.

Die Großmutter jammert eigentlich immer. Ihre Füße. Ihr Herz. Der Kreislauf. Dann muß man Fragen stellen, geht es dir schon ein bißchen besser, soll ich für dich einkaufen gehen. Sie hat es gern, wenn sie über sich sprechen kann. Stundenlang kann sie über ihre Krampfadern reden. Manchmal zieht sie sich auch die Strümpfe aus und zeigt ihm, wo genau es ihr am meisten weh tut. Ihm ekelt vor ihren Füßen, aber das Kind darf nichts sagen, es muß ruhig dasitzen, fragen, wie sie es überhaupt aushält, mit solchen Beinen die Hausarbeit zu machen.

Dann lächelt die Großmutter, streicht ihm durchs Haar, ja Kind, wer würde sich denn sonst um dich kümmern, wenn nicht ich. Deine liebe Mutter hat keine Zeit für dich. Ich mache es ja gern, aber es ist eine Schande, daß die eigene Mutter sich mit anderen Männern herumtreibt, nur an ihr eigenes Vergnügen denkt und dabei ganz auf ihr Kind vergißt. Danach hört die Großmutter meistens auf, es geht ihr nur darum, diesen oder ähnliche Sätze laut auszusprechen.

Unser tägliches Brot gib uns heute, betet das Kind weiter. Die Großmutter ißt ziemlich viele Tabletten. Sie hat sie in allen Farben, auch zweifärbige. Ihm gefallen die Tabletten auch, sie sind so schön bunt. Aber das Kind darf nicht mit ihnen spielen, ja sie nicht einmal angreifen. Schon am Abend richtet sich die Großmutter die Tabletten auf einem kleinen Teller her, damit sie in der Früh nicht darauf vergißt. Sie legt auch den Zettel dazu, auf dem sie aufgeschrieben hat, in welcher Reihenfolge sie sie einnehmen muß. Dann bewegt sich die Großmutter genauso feierlich wie der Pfarrer bei der Kommunion.

Jeden Sonntag muß das Kind mit der Großmutter in die Kirche gehen. Es muß ganz still sitzen und darf nicht lachen, weil sich die Großmutter mit ihm ja nicht schämen will. Zur Belohnung bekommt das Kind dann eine Schokolade — mit Nüssen. Die Großmutter kauft nur Nußschokolade, wegen der Vitamine. Vitamin B ist gut für die Nerven, sagt sie oft und ißt ihm die halbe Schokolade auf. Zuviel Süßigkeiten sind sowieso nicht gesund.

Und vergib uns unsere Schuld. Sie brauche nicht zu beichten, meint die Großmutter, sie habe keine Sünden. Aber fast jedesmal fügt sie hinzu, daß eine Beichte vielen Leuten nicht schaden würde, ganz besonders seiner Mutter nicht. Immer schimpft ihm die Großmutter über seine Mutter vor, daß sie es bei seinem Vater nicht ausgehalten habe, daß sie einfach weggelaufen sei, obwohl sein Vater doch so eine gute Position habe, daß seine Mutter nicht gelernt hätte, daß eine Frau manchmal beide Augen zudrücken müsse. Eine Frau soll immer zuerst an die Kinder denken, sagt die Großmutter mit fester Stimme. Aber seine Mutter habe ihr Kind einfach im Stich gelassen, und wenn sie, die Großmutter, nicht wäre, ja, was wäre dann aus ihm geworden?

Wie auch wir vergeben unseren Schuldigern. Sie wolle natürlich nicht richten, meint die Großmutter, aber sie werde nun einmal auch nicht jünger. Sie tue ja, was in ihrer Kraft stehe, aber seine Mutter solle sich wohl klar darüber sein, daß es auf die Dauer so nicht weitergehen könne.

Das Kind weiß, wenn die Großmutter so über seine Mutter spricht, muß man sie einfach ausreden lassen. Nach einiger Zeit hört sie sowieso auf, legt ihm eine Hand auf die Schulter und sagt, daß sie es nicht so gemeint habe, daß sie ohne das Kind überhaupt nicht leben könne.

Wenn das Kind am Abend in seinem Bett liegt, hört es die Großmutter keuchen, wenn sie die Stiege hinaufgeht, nachdem sie sich einen Baldriantee gekocht hat, weil sie nicht einschlafen kann. Ich kann nicht einschlafen, sagt die Großmutter. Dann geht sie im Zimmer auf und ab. Manchmal stellt sich das Kind vor, daß die Großmutter ihre Füße immer auf dieselben Stellen setzt, daß sie immer weiter geht, bis der Boden durch die Belastung ihrer Schritte einstürzt.

Und führe uns nicht in Versuchung. Die Großmutter singt oft, wenn sie glaubt, daß niemand sie hört. Vor vierzig Jahren hat ihre Stimme sicher sehr gut geklungen. Sie erzählt oft und gern von früher, von der Zeit, als sie noch ein junges Mädchen war. Alle ihre Sätze beginnen mit: weißt du damals. Deinem Großvater hat es immer so gut gefallen, wenn ich bei der Hausarbeit gesungen habe, sagt sie. Seine kleine Nachtigall nannte er mich dann. Da muß das Kind immer lachen, daß jemand seine Großmutter eine kleine Nachtigall geheißen hat, kann es kaum glauben. Sie ist nicht einmal beleidigt. Wenn sie erzählt, denkt sie an nichts anderes. Ja früher, beginnt sie, zu meiner Zeit. Daß die Großmutter auch einmal so jung war, so jung wie die Verkäuferin von nebenan, jünger noch als seine Mutter jetzt, kommt dem Kind unwirklich vor.

Sondern erlöse uns von dem Bösen. Die Großmutter redet oft vom Sterben. Weißt du, in meinem Alter muß man an den Tod denken, findet sie, man darf sich nicht von ihm überraschen lassen. Manchmal zeigt sie dem Kind auch das Sparbuch, in das sie Geld für ihre Beerdigung eingelegt hat. Ich will ein anständiges Begräbnis haben, sagt sie, ich möchte niemandem zur Last fallen. Mit niemandem meint sie sicher seine Mutter. Sie läßt sich ja nicht einmal von der Mutter zum Essen einladen. Für mich kann ich immer noch selbst bezahlen.

Die Mutter wird dann oft böse und erklärt, daß die Großmutter eine eigensinnige Frau sei und daß sie sich gar nicht zu wundern brauche, wenn sie, ihre Tochter, nicht so oft heimkäme. Sie hätte sich das selbst zuzuschreiben, denn man könne mit niemandem zusammenwohnen, der nur an sich selbst denke und immer den eigenen Schädel durchsetzen wolle.

Jetzt und in der Stunde unseres Todes. Es ist schwer, sich zwischen Mutter und Großmutter zu entscheiden. Das Kind denkt viel nach. Beide wünschen eine Entscheidung. Jede möchte, daß das Kind sie am liebsten hat. Nicht wahr, du willst bei mir bleiben, fragt die Großmutter. Das Kind würde es bei dir nicht gu zu haben, sagt sie zur Mutter. Du hast nicht genug Zeit. Laß es bei mir, es ist schlecht für ein Kind, wenn man es aus der gewohnten Umgebung herausreißt.

Aber ich bin die Mutter. Es ist mein Kind. Ein Kind gehört einfach zu seiner Mutter. Das Kind solle sich entscheiden, meinen beide.

Was soll das Kind sagen. Es gibt nur einige Augenblicke, wo es sicher ist, aber diese Augenblicke vergehen, und andere kommen. Es hat Angst, kann jetzt oft nicht einschlafen. Es ist so schwer, Augenblicke abzuwägen, die Liebe zu Mutter und Großmutter aufzuteilen, bis eine Seite mehr Gewicht bekommt.

Amen, sagt das Kind, lieber Gott hilf.

MARTINA EBNER

Amöbentiergeschichte

Es war einmal ein Amöbentier. Das begegnete einer Möchtegern-Prinzessin, die unter ihrem Seidenkleid viele Narben zu verstecken hatte. Aber das merkte man nicht immer.

Das Amöbentier fand die Prinzessin anziehend und interessant und näherte sich ihr in seiner liebenswürdigen und ursprünglichsten Gestalt. Die Prinzessin erlag dem Charme des Amöbentieres, aber Gott sei Dank war da noch ein Jäger in der Nähe, der gefiel der Pinzessin auch sehr gut, und so beschäftigte sie sich einstweilen noch nicht allzu ausführlich mit dem Amöbentier.

Aber das Amöbentier geisterte durch ihre Gedanken. Als Prinz, als Höfling, als Liebender, in wahren, echten, warmen Farben, die das Amöbentier in die Tiefe seiner Seele verbannt hatte und von denen es nichts wußte oder nichts wissen wollte.

Da die Prinzessin immer häufiger an das Amöbentier dachte, beschloß sie, ihm eine Botschaft zu senden. Sie schrieb: „Welche Farbe hast Du, Amöbentierchen, welche Gestalt für mich, und wieso veränderst Du Dein Äußeres so häufig?“ und beauftragte einen Boten, dem Amöbentier diesen Brief so rasch als möglich zukommen zu lassen. Der Bote flog mit dem schnellsten Sturmwind und kehrte mir leeren Händen zurück. „Er hat mir keine Antwort gegeben, Prinzessin!“

Und die Prinzessin wurde sehr, sehr traurig. Sie erinnerte sich an ihre Narben und hatte plötzlich gar nicht mehr das Gefühl, schön zu sein. Daß das Amöbentier ihr keine Antwort geben wollte, erschien ihr unbegreiflich.

Ihr Stolz gebot ihr, mit dem Amöbentier nicht mehr zu verkehren. Aber ihr Herz konnte das Tiefe, Wahre, das er im Herzen des Amöbentieres entdeckt hatte, nicht mehr vergessen. Auch der Verstand ärgerte sich über das dumme Verhalten des Herzens, aber dem Körper der Prinzessin ging es wie ihrem

Herzen — er erwärmte sich in der Nähe des Amöbentiers und wollte immer bei ihm sein.

Bei einer Tanzveranstaltung traf die Prinzessin das Amöbentier. Erst sah es aus, als ob die beiden nie wieder ein Wort wechseln würden. Aber dann kam das Amöbentier auf die Prinzessin zu: „Es gibt da jemand, der will auf dem Fest des Königs ein Theaterstück aufführen, und ich dachte, du wolltest da gerne mitspielen."

„Oh ja!" sagte die Prinzessin, „wann beginnen die Proben?"

„Montag, um neun Uhr morgens, am großen Teich."

„Schön, ich komme ganz bestimmt", erwiderte die Prinzessin und strahlte über das ganze Gesicht, denn Theaterspielen war ihre große Leidenschaft, und das wußte das Amöbentier.

An diesem Abend blieben die beiden noch einige Zeit zusammen. Das Amöbentier fragte die Prinzessin, wieso sie das Recht zu haben glaubte, ihn Dinge zu fragen, wie: welche Farbe es für sie habe? Da antwortete die Prinzessin: „Das fordere ich von allen Menschen, die mir lieb sind. Wie sollte ich sonst mit ihnen leben können?"

„Vielleicht begegnen wir uns noch einmal auf einer Bühne und entdecken, daß unsere Pistolen doch nicht nur mit Platzpatronen geladen sind, wie wir dachten ...", entgegnete das Amöbentier mit einem Blick, der die Prinzessin ganz zu ihm hinzog. Und doch fragte er sie nicht, ob er sie in seiner Kutsche nach Hause bringen dürfte.

Das Verlangen der Prinzessin nach seiner Nähe war so groß, daß sie ihm fragte, obwohl es ihr schwer fiel: „Willst du mich nach Hause begleiten? Der Weg ist lang, und wenn wir uns unterhalten, vergeht die Zeit viel schneller ..."

„So weit, in dieser Kälte? Nein, das kannst du von mir nicht verlangen!" war alles, was das Amöbentier darauf zu sagen wußte. Und so fuhr die Prinzessin allein heim, mit den Worten des Amöbentiers in ihren Ohren, mit der Frage nach deren Bedeutung in ihrem Herzen ...

Mit fieberhafter Ungeduld erwartete Prinzessin Laurie den Tag, an dem die Proben beginnen sollten.

Sie beschloß, ihr honigfarbenes Kleid zu tragen, da es sehr weit, weich, bequem und fließend war und sie das warme Honiggelb sehr liebte. Und sie beschloß, schön und bezaubernd zu sein, und freute sich so darauf, ihn wieder zu sehen.

Als sie in ihrer Kutsche zur Probe fuhr, ritt er an ihr vorbei und schien nichts zu sehen. „Leander", rief die Prinzessin, und so bemerkte das befremdliche Tier sie dann doch und sie legten den Weg gemeinsam zurück.

Die Prinzessin war sehr glücklich. Das Amöbentier war bei ihr. Sie durfte spielen, sich bewegen, sie selbst sein ... Aus diesem Gefühl des Reichseins heraus war es sehr einfach für sie, ihn nach der ersten Zusammenkunft zu fragen: „Willst du nicht mit Ariella und mir den Marquis besuchen?" Und das Amöbentier sagte einfach: „Ja."

Und so verbrachten Prinzessin Laurie, Ariella und Leander einige schöne Stunden. Die meiste Zeit war es das Amöbentier, das Worte in den Raum stellte, aber das störte weder Ariella noch Laurie.

Am nächsten Morgen wurden Laurie und Leander aufgefordert, den Tanz zweier Liebender darzustellen, mit geschlossenen Augen, einander fühlend.

Vom ersten Augenblick an, da Laurie ihn bei sich spürte, ohne daß seine Worte, die immer wieder Gebäude vor Lauries Augen entstehen ließen, und so selten Farben und fast nie Düfte oder Wärme oder Kälte, seine Nähe in Ungewißheit verwandelten, verwandelte sich Laurie.

Sie wurde zu einer gleitenden, wärmenden Masse, die verschiedene Gestalten annahm. Diese Masse verband sich mit ihm, der mitging, auch wärmende Masse wurde, und wenige Augenblicke lang wußte sie wirklich nicht mehr, wo sie aufhörte und wo er begann ...

Sie boten einander den Himmel dar, ertranken ineinander, balgten wie zwei junge Löwen, wurden stolze Liebende, entglitten einander für wenige Augenblicke, um sich in neuen Formen wiederzuentdecken.

Dann, plötzlich, Ende. Erschöpfung.

Er neben ihr, mit Worten wieder, aber die Nähe, die von

dem „Spiel“ geblieben war, war stärker als die Zerstörungskraft seiner Worte, sogar für ihn. Sie blieben zusammen, den ganzen Nachmittag, gingen auch am Abend gemeinsam auf ein Fest. Und da geschah es wieder: Von einem Moment zum anderen wurde aus ihrem Spielgefährten ein Fremder, ein Spieler, der sich an einer neuen Partnerin erprobte und sie, Laurie, vergaß oder zu vergessen schien.

Sie hatte das Gefühl, daß das Honiggelb ihres Kleides sich in geronnenes Blut verwandelte. Sie wollte auf ihn zustürmen, ihn der Fremdheit, die sich seiner bemächtigt hatte, entreißen, aber sie wußte nicht, wie sie es tun sollte und welche Gestalt er dann wieder annehmen würde.

Und doch kam er wieder auf sie zu, als sie allein in dem Fauteuil ruhte, müde vom Tanzen, und nahm sie mit zu den Trommeln, diesen Instrumenten, die er so sehr zu lieben schien. Eigentümlich, daß er weder das Klavier noch die Geige als Ausdrucksform gewählt hatte, Instrumente, die alles erzählen konnten, sondern gerade die Trommel, die für Laurie in erster Linie Rhythmusgeber war, Mitreißer, Bewegungsmacher, die aber doch keine Melodie entstehen lassen konnte.

Er spielte mit den Trommeln, spielte, wollte, daß sie mit ihm spielte, aber sie sehnte sich nach ihrem Klavier.

Und so gingen sie nebeneinander von diesem Fest zu einem anderen Fest, in einer Gruppe, ohne direkte Verbindung zueinander. Irgendwann in dieser Nacht verlor sie ihn ganz für sich, weil das Ihn-haben-Wollen zur Besessenheit geworden war in ihr und die Ungewißheit, hinter der er sich versteckte, sie hilflos und ratlos machte. Und so hielt sie sich an Ariella fest in ihrer Verkrampftheit, ihrem Eingesperrt-Sein, in dem Nicht-Verstehen des Fremden, in einem Nicht-Fremden oder einem, von dem sie so gerne wollte, daß er ein Nicht-Fremder für sie wäre.

Wieder hatte er eine Schöne gefunden, die bereit war, zuzuhören, sein Spiel mitzuspielen, ohne allzuviel zu fragen, zu fordern.

Laurie hatte einem ihrer Vereherer so viel Aufmerksamkeit geschenkt, daß er nur allzu gerne die Rolle ihres Begleiters übernahm, als Leander und die Schöne in ein nahes Dorfgasthaus weiterfuhren. Dort saßen dann Laurie und Leander an einem Tisch, unter vielen, und plötzlich war es, als ob nur sie beide da wären, und sie saugten einander ein, weil sie sich gefunden hatten, oder einen Brennpunkt, in einem Film, einem Theaterstück, einem Buch.

Und er strich ihr übers Haar und sagte etwas wie: „Aber dann wieder so lieb ist ..." und noch etwas, das sie wieder nicht verstand.

Immer, wenn er wahr wurde und tief, verästelte er sich.

Und da war auch etwas, zwischen ihm und dem Mädchen, etwas, das die beiden verband und sie, Laurie, ausschloß, und so ging sie, weil sie dieses Ausgeschlossensein, existent oder nicht existent, von diesem Menschen, der ihr so viel bedeutete, nicht mehr ertragen konnte.

Sie wollte nicht mehr an ihn denken, irrte ruhelos durch das Schloß, den riesigen Park, lag schließlich apathisch auf ihrem breiten Bett und weinte.

Als es ihrer Vernunft endlich gelungen war, ihn aus ihren Tagträumen zu verdrängen, besuchte sein Traumbild sie des Nachts, quälend, in erschreckend täglicher Ungewißheit, Amöbenhaftigkeit.

Obgleich er sie so sehr quälte, daß auch sie schon ihre Gestalt veränderte, da er ihr selten den Raum gab, den sie benötigt hätte, um darin ihre wahre Gestalt entfachen zu können, fühlte sie, daß etwas wie fragende Freude in ihr aufstieg, wenn sie daran dachte, daß sie ihn am nächsten Tag bei der Probe wiedersehen würde.

Und als sie ihn sah, vom ersten Augenblick an, da sie ihn erblickte, Amöbe, ertrug sie es plötzlich nicht mehr. Sie wollte ihn nicht mehr ansehen, um wieder eine Andeutung zu sehen oder sehen zu wollen für etwas, das sein könnte und doch nie sein würde.

Sie blickte durch ihn durch, richtete nicht ein Wort an ihn, den ganzen Abend lang, und floh, als die Probe zu Ende war, so schnell sie konnte.

Sie verbrachte einen ganzen Tag damit, sich über ihr Verhalten zu ärgern, das ihr so unwürdig und unnatürlich erschien, daß sie fand, daß sogar ein Amöbentier eine Erklärung für ein derartiges Verhalten verdiente. Aber was sagen, wenn alles Zudringlichkeit und Aufdringlichkeit zu werden schien in dem Raum, mit dem Leander sich umgab ...

Am nächsten Morgen besuchte Laurie ihre Freundin Florence. Als sie das lichtdurchströmte Atelier betrat, die in dem Raum verstreuten Kleidungsstücke und Skizzen betrachtete und Florence, eine Pfeife im Mund, vor der Staffelei, in ein altes, graues, mit Farbe bespritztes, sackartiges Gewand gehüllt, lief sie auf die Freundin zu und drückte sie ganz fest an sich: „Ach, Florence ...“, und schon strömte alles aus ihr, sich überschlagend und ohne Eindämmungen und entstand klar vor dem unbarmherzig forschenden Blick von Florence. „Und warum schreibst du ihm nicht?“ Dazu der Blick dieser klaren blauen Augen. Im nächsten Augenblick lagen Papier, Umschlag und Feder vor ihr und Florence war im Nebenzimmer verschwunden.

Und so schrieb sie. Daß sie das Vertrauen zu ihm verloren habe und ihm daher nicht mehr in die Augen blicken und auch nicht mit ihm sprechen wolle und daß er, falls ihm all das gleichgültig wäre, den Brief zerreißen sollte und einfach so tun, als ob nichts gewesen sei.

Und so geschah es, daß eines schönen Morgens das Amöbentier einen hellblauen Briefumschlag auf seinem Frühstückstisch vorfand.

Auf ihren Brief erhielt Laurie niemals eine Antwort.

Das Amöbentier mied ihre Nähe nur mehr denn je. Laurie was des „Amöbenspiels“ bereits so müde, daß sie sich vorstellen konnte, ihre Beziehung zu Leander auf „Guten Tag“, „Wie geht se dir“ und gewisse „Film- und Sachgespräche“ zu beschränken.

Als Laurie die Einladung einer Verwandten erhielt, einige Wochen in deren Sommerhaus am Meer zu verbringen, kam ihr diese mehr als gelegen.

Das Meer, die klare, salzige Luft, das ewige Kommen und

Gehen und die scheinbar unendliche Weite würden Trübungen schwinden machen und sie wieder frei atmen lassen.

Die Prinzessin betrachtete das Meer und fragte es. Und das Meer stellte plötzlich völlig neue Farben in den Raum.

„Du bist ein Amöbentier, sagst du zu ihm, Laurie. Aber wer bist du? Bist du denn kein Amöbentier? Gefällst du dir nicht in deiner Gestalt, die fest wird und Konstanz annimmt, wenn du sie neben die ständig ihre Gestalt ändernden Figuren stellst, die sich da konturlos abzeichnen vor deinen Augen? Verstehst du? Du verstehst nicht. Du siehst, vieles ist unausgeforscht und sagst: Amöbentier. Du verstehst nicht und wirfst dem anderen vor, daß er ein Nicht-zu-Verstehender sei. Du bist ungeduldig und rast vor gegen jemanden in einem Tempo, das dir selbst zu gehetzt erscheint, und wunderst dich, wenn er auf dieses Tempo nicht eingeht. Hast du je versucht, aus ihm heraus dies alles zu betrachten? Nicht oft, nicht wahr, denn dann erscheinst du dir ja verzerrt, getrieben und eingesperrt in dich, unfähig, hilflos und arm, und das gefällt dir natürlich nicht. Sehr reich erscheinst du dir nicht, aus dieser Perspektive gesehen. Auch nicht sehr fest. Du, immer nur du. Was interessiert dich eingentlich noch außer dir? Ist es dir nicht aufgefallen, daß du in letzter Zeit auf nichts zuarbeitest, sondern auf Wunder wartest, jeden Tag, anstatt zu arbeiten, zu schaffen, hinzugehen auf etwas? Läßt du dich nicht ein bißchen sehr treiben in Stimmungen, verbringst du nicht zuviel Zeit mit *Warten?*"

So fragte das Meer und bohrte und bohrte. Und Laurie wurde kleiner und hilfloser und ratloser . . .

christian bader

die neugebremerten

Schneller, schneller, komm schon, hopp, schneller, oh oh, na komm, bitte komm! aaah! was ist das? ein krampf! scheiße. ich habe einen krampf in der hand! ausgewichst, nichts damit. bin ich fertig. den billigporno wandgeschleudert kniet er da, verkrampft, hormongestreßt und fertig. was um alles in der welt mach ich nur falsch? nichts mehr macht mich scharf, ausgepuffte wichsvorlagen, bunt und lustig und nichts mehr — verdammt, wo gehts da weiter, alter? überhaupt nicht, du bist am ende, senil und ausgeraucht. komm, setz dich zur ruhe und denk zurück an schönere zeiten. zweieinhalb meter, leute, ganze zweieinhalb meter weit konnte ich spritzen — und der schnellste war ich auch: wenn es sein mußte, in zwölf sekunden. und zweieinhalbgemetert und zwölfsekundet, da kann man schon einiges anstellen damit — und jetzt: ausgeanstellt! spritze, spritze kuchen, der mischer hat gerufen ... der sensenmann ist da und hat dich halt geholt, schabididu. da gehts und gehts und gehts: rapp rapp rapp rapp und sapp — und plötzlich nichts mehr, nichtsgemehrtes nichts ...

aber, aber, wer wird denn so verzweifelt sein! he, was war das? war da nicht eine stimme? wer ist da? er schaut und nichts. nichts! schon wieder dieses wort! hör auf und denk dir endlich etwas anderes in den schädel. verrücktgeschädeltes macht die dinge auch nicht besser. aber ich wüßte etwas, was es besser machen könnte. schon wieder! schon wieder eine stimme und da ist gar niemand! außerdem: was sollte ich, jesse der blutigfürchterliche, überhaupt besser machen können? wer sagt so zeug, wer? aufgesprungen steht er mit gegrätschten beinen da, die hände auf den verkerbten griffen seiner fünfundvierziger. kleiner, bleib ruhig! ich bin die glühbirne, die da hinter dir hängt. zaaackck, mit einem gewaltiggewagten hechtsprung hintercoucht er sich und brüllt coltgezogen aus der deckung: was willst du von mir, sprich, sonst schieß ich dir die scheiße äh den strom aus der wendel, vorbei und klirr! keep cool! du bist doch am ende — und wenn sie dich tausendmal den wichserkönig genannt haben. aber ich habe etwas für dich: eine nummer, eine riesige nummer, den versammelten wahnsinn dieser welt! erzähl die sache schnell, sonst puste ich dein dünnes glühgelamptes leben aus! gut, hör zu: in sperma-city, der stadt der nassen träume, da gibts ein schwimmbad — und dazu eine schwimmgebadete besonderheit: eine röhrenrutsche, eine rutschenröhre, also eine röhre, ewig lang und halbmeterdick, da wendeltreppst du innen rauf, oben rein in die röhre und dann sssssst runter das ding! du lampe du — du verarscht mich wohl ganz gewaltig, was soll ich mit einer rutsche, das ist doch gottverdammtnochmal was für kinder und narren, aber nichts für mich, ich bin doch . . . ich weiß, ich weiß, doch die rutsche . . . aus jetzt, du hebst mich, schluß, nicht mit mir, neingeneintes nein, ich puste dich aus: peng, peng, dann: klirrr und ausglühgelampt. doch nicht genug, jesse packt der scherbenrausch: peng - klirr, peng - klirr, peng - klirr und nicht genug. peng - klirr, peng - klirr, peng - sappp. scheiße, das war der nachbar, ein verdammt schwarzer tag heute.

so, das wars. jesse, der größtgegrößte, läßt sich nicht verarschen, der doch nicht . . . doch irgendwas muß sich das ding doch gedacht haben. edison, alter lutscher, du hast verglühten mist gebaut. ewig lang und dick . . . drei minuten . . . es macht mich fertig . . . spanische fliegen, sellerie, irgendwas, aber eine rutsche, das ist das letzte. kreisgehirnt und kreisgehirnt und läßt nicht los. ich muß dort hin. steifgesappte schwänze, edison, rutschenröhren und tausend alte bilder kreisen kreisen kreisen. ich muß das ding einfach sehen, vielleicht hat es substanz. coltgeschnallt und frisch rasiert gehts auf nach sperma-city, der stadt der nassen träume.

schupp, schupp, schupp. . . verdammt, bleibt da kein schwanz stehn! drei fingerrausgehaltene stunden — das sind genau drei zuviel! schupp, schupp, schupp. stopppp! stehenbleiben! ich schieß euch die scheiße aus den därmen, ich, jesse der fürchterliche und blutige!! schupp, schupp, dann: schnuschnuschnuschnuuschnuuu — quiietsch. was, ein moped; das ist ja wohl das allerletzte! du weißt wohl nicht, wer ich bin? ich bin . . . halts maul! steig auf, wenn du mitwillst, sonst bleib! mit oder nicht mit, das ist hier die frage. aber nochmals drei stunden. also mit und also: jesse rauf aufs moped und abgezischt.

stunden später, kreuzverklemmt und auszerstaubt, wächst und wächst die biervision. und schon getan. — — thekengeklemmt wird ein bier in die kehle gestellt, drauf gibts dann tequila, bier tequila, bier tequila, bier tequila, tequila tequila. plötzlich blickt jesse dem fremden tief in die augen: wer bist du, alter? sag, wer du bist, sonst piß ich dir ins glas! ich . . . ich bin robin hut, der retter der fixer und heißen! heißen, was issn das?? na, ein aufgeglühter warmer — und dazu flüster ich dir nur eins: a i d s ! ! atemstillgelost. teufel, hast du das zeug etwa selbst? ach was, ich bin nur der retter: mit meinem spray ‚anti-aids' mach ich schp, und schp macht schluß mit allen heißen — und wo keine heißen, da kein aids, kapiert. tequila bier tequila bier tequila bier. daneben hab ich eine privatmission, eigentlich eine verkitschte sache, die läuft so: eigentlich bin, nein war, nein bin ich eine mauer, so eine kleine hübsche mit roten ziegelchen und weißen fügchen. und dann robbt eines tages so ne schnorrige prinzessin daher und schmeißt einen ekeligen dicken frosch gegen mich: sappppp! aber nicht er, sondern ich prinzte aus. syntax error. und das schlimmste, das allerschlimmste . . . nicht nur prinz . . . nein, es geht jetzt nur noch mit fröschen, mit dicken breitmaulfröschen, schluuuuchz, das einzige, was mich geil macht, sind breitmaulfrösche. doch eigentlich will ich nur wieder ein kitzekleines mäuerchen werden.

mit thekengefallenem kopf flennt robin vor sich hin. jesse ist gerührt, hockt da und schämt. dann nimmt er den robin an den ohren und zieht ihn auf zu sich. aufgezogener schaut mit roten augen in die roten augen, tequilagebierte blicke treffen sich: alter, ich glaube, ich weiß rat für dich. auch ich bin auf privatmission — mir geht er nicht mehr ab, mir, jesse dem wichserkönig ... endstation sehnsucht. doch in sperma-city, der stadt der nassen träume, da solls hilfe geben, ich weiß zwar noch nicht wie, aber ich glaub dran — machen wir also den beiden geeichten eine gewirte privatmission, eine gewirte riesenrutschenmission!

tequila bier, tequila bier, tequila kotz, tequila bier. ich glaub, du bist ein visionärer typ, aber ich bin ein mauerfixierter, ich will wieder mauer werden, drum gehe ich mit mit dir. ausgeglast und cashbezahlt wankt die gewirtmission hinaus.

gut denn. aufgehoppst und . und . und . moped will nicht. dann geht nicht, aus! jesse und robin treten schütteln reden nichtgewilltes moped, doch: nichts. scheiße, was jetzt? pause. ausgedacht und hirnverkrampft: also, lassen wir das ding da stehen und halten unsre finger raus, es kann nicht mehr weit sein.

schupp schupp schupp. schon wieder zwei verschenktfingerrausgehaltene stunden. schupp schupp und plötzlich: droooouum. he, ein riesendicker, ein sechzigtonner, den holen wir runter, komm, raus auf die straße. und hopp und droooquääääätsch, erster teil und hopp zurück und quääääatsch, zweiter teil. sechzigtonner steht und aufgetürt und rausgebrüllt: kanackenjudennuttenficker!! was tut ihr da mitten auf der straße! ich bin öde wolf, genannt der dicke pfniiiies, pensionist und fernfahrer, früher der schrecklich usw., aber das ist mir noch nie passiert. erstauntverwirrte tequilablicke treffen sich, überzeugt, das gibt es nicht, als es plötzlich donnernd durch den äther wimmert: hast du sie, hast du sie?? achtung, eine falle!!! robin schreit und weggehechtet, jesse rollgerückwärtst und aus der deckung beide: wolf, was ist das, reiß auf dein maul!

langsam, laßt mich erklären, das waren ... äähm sind die ... die rotkäppchen, ich hab zweihundert stück davon hinten drin. aha, so quasi als wegzehrung? ähäm ... eigentlich nicht, ich meine, früher schon, aber dann, die paradonthose ... gut, gut. jetzt bist du ihr fahrer. nur was wollen die von uns? ich bin ein wichser, er ein fröscheficker, wir sind nicht scharf auf die rotbekäppte bande. die auch nicht auf euch. doch laßt mich mal erzählen: die schärfen sich ganz anders an. da hinten hockt noch einer drin, misterspock, der kerl mit den langen ohren, und dann gibts noch zwei pisten mit magic mushrooms, fliegenpilzchen. und da törnen sich dann alle an? nein! unterbrich mich nicht. damit wird der misterspock getörnt, und wenn er aufgeht, fangen seine ohren im affentempo an zu vibrieren — dann hockt sich auf jede seite eine rauf und ab geht die post. ja, aber ... aber dann muß das arme schwein das ja hundert durchgänge lang schaffen. kluges köpfchen, nur — das letzte mal hat er zuviel törnpilze erwischt, da ist er zuerst abgefahren wie die sau, doch plötzlich wars vorbei: den totalen tetanus im ohr, ausvibriert und endstation. und jetzt kurve ich mit zweihundert fickrigen rotkäppchen durch die gegend und suche die erlösung. jesse blickt den robin an, alles kurz erklärt, dann in den sechzigtonner rein und abgebrummt, die ganze bande auf nach sperma-city. wildbewegte träume ziehen durch die hirne, ausgehirnte bilder werden klarer und doch nicht ...

haaaalt! da ist sie! quiiiietsch usw., zielerreicht und müdgeschüttelt klettern zweihundertvier seltgestylte figuren aus dem sechzigtonner und sehen ihre riesenröhre in der sonne glitzern. soll das der ort der rettung sein / oh wär das schön, oh wär das fein! wimmert der geilrotgekäppte chor. erblaßter misterspock sieht seine ruhezeit vorbei. ob das gut geht? lieber einen tetanus im ohr als eine rutsche im arsch. mannomann. wir sind fickrig wie die sau / das weiß der alte spock genau / er soll nicht lange fackeln, / wir wolln, daß seine ohren wakkeln!! okay, machen wir! jesse eingeschüchtert und denkt vor. ich geh mit misterspock hoch, ihr wartet unten und fischt ihn dann aus dem becken, pilze ins maul und los geht der spaß. ooooch ... uiiiih, toll ... die ganze bande rein ins bad, aufgestellt und den beiden inzwischen aufgestiegten nachgeaugt. oben am einstieg wird das langohr eingeröhrt und instruiert: drück die schulterblätter durch und konzentrier dich! schick ihn los, schick ihn los / die gier, die ist so groß / huschi, huschi huschi / wie freut sich unsre muschi. okay, count down läuft, fünfvierdreizweieins und los und abgedrückter glüht dahin.

ssst ... sssst ... sssst ... und drei minuten später: sapp! dann von zweihundert geilen rotkäppchen rausgefischt + ausgedrückt + angetörnt + stille. atemlos ... atemloser ... . es kommt, es kommt! huhuhuhu, es geht los, drauf auf ihn, ich, ich, drauf ... r u h e ! ruhe, ihr fickbande, da wackelt doch nur ein ohr — und zweihundert durchgänge schafft der eingeohrte nicht! was tun, was tun / wir wolln nicht länger ruhn, ächzt zweihundertfache verzweiflung. er muß nochmals in die röhre, für die liebe muß man leiden! also nochmals alles durch bis zur atemlosen. plötzlich: hipphipphurra / die erfüllung ist jetzt da! der panikansatz wird schnell wolfgeschlichtet, dann beginnt das große fickspektakel. oooh, aaaoooh ... orgasmotrone wolke erfüllt den raum, der rest geht futtern.

spätgezeiteter: wieder aufgestiegt und eingeröhrt, robin hut ist an der reihe. instruiert und selbstabgedrückt glüht er kurz später auch schon dahin. sssst, ssssst und so bis: sapppp! bevor rotbekäppte retter ins becken springen, nochmals: sappp, und ein dicker fetter breitmaulfrosch landet vor der entsetztentrückten menge. verdammt, schon wieder ein error im programm. doch jetzt wird nicht mehr lang gefackelt, gleich wieder stieggefroscht und eingeröhrt und abgedrückt (konzentrier dich, alter!!), ssst, sssst usw. bis woouuumm! fünf halbentgeilte reingetaucht und hieven einen wundercoolgestylten lecahohlpatentstein aus dem becken. ich hab mich wieder ... ich hab mich wieder, oh bin ich glücklich, happyhappyhappy. beglücktverzückter wird sanft in ein warmes eck gerückt und selbstgenügt erfüllt bald bekannter klang den raum.

wieder spätgezeiteter: so, jetzt bin ich an der reihe. die rotgekäppte bande wieder däumchenhaltend aufgestellt, alleine aufgestiegt und eingeröhrt, revolver abgelegt, konzentriert und abgedrückt. alles wie gehabt und nichtgeschwimmt und wassergebaucht wird jesse von den nachgesappten rotkäppchen, aufgefischt und ausgedrückt und dann, in mundzumundbeatmeter benommenheit, slipentzweit und losgewichst. und reibt und reibt und reibt und nichts. nichts. nichtsgenichtes nicht. bei allen hats geklappt, nur bei mir nicht, auspotenzt und fertig. huuuuuuuuuhuh! komm, bleib aufrecht, wir haben alle zwei durchgänge gebraucht. aber da hat sich schon nach dem ersten durchgang was verändert, aber bei mir ... plötzlich stillgepaust und schaut+denkt+schaut: mein ding ist angedickt ... ich hab ein bild, eine idee, ich muß nochmals rauf ...

genaubeaugt und auch gestützt schleppt er sich nochmals die stiegen rauf (ein leises „i am such a lonely boy" aufgeklippt), hockt sich wieder rein ins einstiegloch und läßt den pimmel in die röhre hängen und starrt dazu ins loch. plötzlich wirds ihm klarer und klarer. konzentriert und konzentrierter. zerreißgespannte luft. und sein ding beginnt zu wachsen, wächst und wächst und wächst und mehrgedickt bis es sich an die röhrenwände preßt. schnell noch vaselinegeschmiert, dann abgedrückt und abgezischt, zuerst zäh, dann immer schneller, geht die sache los ... pffff ... einpaßgepreßter glüht dahin ... pfffffff ... oooh, wie das kitzelt, wie das tut ... aaaaahaooooaaooo ... es kommt ... wahnsinnig, wahnsinnig wie das tut ... aaaaoohaaaooooo es kommt, gleich, es kommt, wahnsinn, gleich ... es kommt, es kooooooooommmmmt, aaaaaoooooaaaaahhhhoooaa aahhhhhhoooooaaaaaahhhhhaaaaaaoooooohhhh ...

ausgesappt und wahngesinnt löst er sich auf — und unten und unten kommt leise eine zarte, weißlichgelbe wolke raus. und verbreitet sich, verbreitet sich ...

... sperma-city, der kontinent, der rest der welt ...

... und orgasmusbewölkt entrückt sich diese selbst ...

ELISABETH ETTINGER

Die Arbeiterin

Der Beamte hinter seinem mittelgroßen Schreibtisch telefonierte schon lange und schien überhaupt keine Eile zu haben. Geduldig saß sie da, die Hände unruhig spielend auf dem Schoß, und bemühte sich höflich, nicht genau zuzuhören. Endlich legte er auf. „Nun, Frau M.", wandte er sich wieder an sie, „haben Sie alle Papiere mit? Letzte Arbeitsbescheinigung, Meldeschein — ach ja, hier sind sie ja." Eigentlich sah er ganz nett aus, für einen Beamten, dachte Martina M. „Haben Sie vielleicht irgendwo schon eine Stelle für mich?" fragte sie zaghaft. Es wäre eine Katastrophe, mit dem bißchen Geld der Abrechnung zwei Monate lang auf die kärgliche Arbeitslosenunterstützung warten zu müssen. „Warum sind Sie von der Firma E. gekündigt worden? Arbeitsmangel?" „Sozusagen." „Sie haben Glück; ich habe vier Firmen — ach, da weiß ich was für Sie, eine saubere, leichte Arbeit. In einem Verlag. Wäre das was für Sie? Martina nickte zustimmend. Der Beamte hob den Hörer ab und wählte. „. . . ja, unter 26 noch, wie gewünscht. Kann sie kommen? Gut." Er legte auf und reichte Martina einen Zettel. „Vielen Dank", lächelte Martina erleichtert. Ein Stein fiel ihr vom Herzen. Den Zettel in der Hand, verließ sie eilig das Büro, eilte den engen Gang hinaus, wo noch viele Arbeitslose saßen oder standen, mit ernsten Gesichtern, meist schweigend, obwohl es bereits kurz vor Schluß der Öffnungszeiten des Arbeitsamtes war. Die Flügeltüren am Ausgang schwangen noch eine Weile sachte hin und her, als Martina das Gebäude verlassen hatte.

Der Betriebsleiter ließ Martina zu ihrem Arbeitsplatz in die Arbeitshalle bringen. Es war ein rechter Lärm, ein Zischen und Dröhnen und rhythmisches Hämmern von den alten, abgenutzten Maschinen. Ängstlich und erwartungsvoll folgte Martina dem Mann zu einer hin. „Frau Tr., das ist Ihre neue Arbeiterin, Frau M.", stellte er sie der Vorarbeiterin vor, einer älteren Frau mit offenen, ungeordneten, graublonden Haaren und einem länglichen, aber freundlichen Gesicht. „Sie soll bei Ihnen zureichen." Die Frau nickte und schaltete kurz die Maschine ab, um zu erklären. Martina hatte bei Frau C.s Maschine mit einem „Wagen" — ein lächerlicher, rollender, quietschender Heber, den man unter Holzpaletten schieben konnte, um sie zum Transport einige Zentimeter hochzuheben — ständig eine Palette mit gefalzten Bögen zu holen, die nie voll war, da die Gefahr bestand, daß die Bögen umstürzten und man die Nummern dann mühsam händisch sortieren mußte. Denn unter einem Bogen verstand man ein riesiges, bedrucktes Blatt 2 mal gefaltet zu acht Seiten; und etliche solcher gefalteten Bögen, die am Faltenbug in Reihenfolge kleinst numeriert waren, ergaben richtig geordnet ein Buch. Um ein Buch von den Stößen besser greifen zu können, ragte die jeweilige Nr. 1 etwas heraus.

Zu solchen Stößen von Bögen hatte sich Martina M. nun hinabzubeugen und sie auf die hohe Maschine hinaufzuheben, wieder und wieder, den ganzen, ganzen Tag lang. Eine weitere Kollegin, zu der sie die Stöße hinschob, ergriff ein und ein Buch, klopfte sie schnell auf, um sie zu ordnen und warf sie jeweils eins und eins in die quadratförmigen Körbe, die rasend schnell auf einem Band wie ein Karusell um die Maschine herumführten; ein scharfes Messer trennte die rückwärtige Kante ab. Diese Rückseite wurde angeleimt, ein Stück Papierband darauf hielt nun die Seiten zusammen. Schließlich landeten die „Bücher" auf Frau Tr.s Tisch, die sie auf die Palette hinter sich schlichtete. War eine Fläche voll, kam darüber ein Spanplattenbrett, 1,10X1,50 m groß, und die nächste Fläche Bücher. Etwa 1050 Bücher fanden so auf einer Palette Platz — sie sah aus wie ein aus rohen Holzbrettern zusammengenageltes kleines Floß, an denen man sich Späle in die Finger einzog und die, wenn man sie wegziehen mußte, ein ziemliches Gewicht hatten. 4 bis 6 Paletten voll im Tag ergaben ca. 5000 Bücher, und um die Bögen hinaufzuheben, dazu mußte Martina sich etwa täglich 350 mal bücken. Am schrecklichsten waren die dicken Bücher, denn das geforderte Tempo des Bückens stieg, da in einem Stoß weniger Platz hatten; oder die Bücher mit den schweren, glatten, farbigen Seiten, die noch mehr ins Kreuz gingen. Dazwischen mußte sie raschest die vollen Paletten herbeibringen und die leeren mühsam beiseiteziehen. Es war ein ewiger, monotoner Trott, und man war nichts als ein beweglicher Teil der Maschine. Wen wundert es, daß sie am nächsten Tag, erschöpft, verschlief?

Nachdem sich Martina etwas eingewöhnt hatte, kam sie dazu, auch die Menschen in ihrer Umgebung genauer zu betrachten. Gegenüber „ihrer" Maschine befand sich die Schneidemaschine; die geleimten Bücher wurden dort von einem großen Arbeiter mit etwas triebhaft-dürstendem Gesicht einzeln in eine Öffnung geschoben. Durch Knopfdruck sausten drei schwere, scharfe Messer herab, schnitten die restlichen drei Seitenkanten gerade, und eine Arbeiterin schichtete die auf einem Band herausgleitenden Bücher auf eine Palette zu ihren Füßen. Ein stattlicher Berg aus Papierschnitzel türmte sich täglich seitlich auf und mußte von der Frau vor Arbeitsende weggeschafft werden; denn ihr Herr Vorarbeiter rührte keinen Finger, um ihr beim Säubern des Arbeitsplatzes zu helfen. Hie und da schaltete er die Maschine ab, um die schweren, gefährlichen Messer herauszunehmen und sie an einer Schleifstätte noch schärfer zu machen; und Martina M. schauderte, wenn sie auf die herabfallenden Guillotinemesser sah; nur einmal die Finger nicht rechtzeitig herausziehen, nur einmal ... entsetzlich! Die Messer fauchten herab, hungrigen Tieren gleich, auf ihre weiß und keusch daliegende Beute, und irgendwie erschien es ihr als Verletzung, als eine Verstümmelung — nur, ohne sie würden aus den Weißlingen keine Bücher, sondern sie blieben Papier. In den Zeiten der halbstündigen Mittagspause, bei der man dem ewigen Trott und Bücken entgehen konnte, oder in den illegalen dreiminütigen Pausen in der Toilette, in denen die Arbeiter, Männlein und Weiblein getrennt, rauchten — sich dabei die Neuigkeiten des Tages erzählten: Die Männer Sex und Fußball, die Damen Kochen und Fernsehen — und zwar so lebhaft, daß man erkennen konnte, daß dies in ihrem eintönigen Leben Höhepunkte des Daseins waren, der Zweck des

Daseins überhaupt — in diesen Mittagspausen und Toilettengesprächen hörte Martina M. auch die Geschichte ihrer Kollegin an der Schneidemaschine. Frau S. war eine Frau mit zwei Kindern, klein und schlank, die sich mit der Ergebenheit eines Lasttiers dem hundertemalen Bücken unterwarf. Ihr Mann litt an multipler Sklerose und war fast durchwegs gelähmt. Mit seinem Schicksal nicht fertig werdend, fand er seine Lieblingsbeschäftigung darin, seine Familie bis aufs Blut zu tyrannisieren. Die Frau und die Kinder hielten es zu Hause bei ihm nicht aus; und doch: verlassen würde sie ihn nie, denn „er kann nichts dafür, daß er so krank ist, als er gesund war, was war er da für ein netter Kerl." Sie ließ sich, wie man sagte, sogar Spritzen gegen das „Verlangen" geben, um nicht untreu zu werden. Frau S. mußte später die Arbeit aufgeben, denn sonst hätte man ihr das Geld, welches sie für die Pflege ihres Mannes erhielt, gestrichen.

Dagegen fühlte Martina, daß sie mit ihrer dicken, dummen Walze von einer Kollegin einmal einen fürchterlichen Streit haben würde. Sie war 19 Jahre alt, hatte — natürlich — ein Kind zu Hause und machte wohl alle Erziehungsfehler, die eine Mutter bei einem Kind in diesem Säuglingsalter überhaupt machen konnte. Die liebsten Geschichten, die sie erzählte, waren solche, in denen sie zu Hause werbende Jehovas Zeugen barsch hinausgeworfen habe; und solche, die Kirche, Pfarrer, alle Gottgläubigen und am meisten Gott selbst verhöhnten. Das war ja unter den meisten Arbeitern ein beliebtes Thema; alles, was sie nicht verstanden — sei es aus angeborener Dummheit, sei es aus mangelnder Information, die sie aber auch nicht verbesserten, worauf sie sogar noch stolz waren, lehnten sie rundweg ab, verspotteten oder bekämpften es sogar. Genauso erging es jeder höheren Bildung, eventueller Andersartigkeit, fremdsprachigen Menschen oder kultivierten Leuten, an denen sie kein gutes Haar ließen. Ein einziger lauter Chor nach-blökender Schafe. „Gott — das ist das hier", meinte die „Walze" und drehte eine Münze in den Fingern, zeigend. „Damit kann ich mir was kaufen. Das ist mein Gott. Die Pfaffen leben ja nur auf unsere Kosten. Gott, das ist ja nur Sch . . ." Martina bemühte sich wirklich, gut mit ihr auszukommen, und doch kam es zum Krach. Danach redete die Walze kein Wort mehr mit Martina, schimpfte jedoch haßerfüllt ständig hinter ihrem Rücken.

Eines Morgens um halb acht Uhr pünktlich kam ein junges siebzehnjähriges Mädchen zur Leimmaschine, die krank gewesen war. Blaß und mager sah sie aus, mit blonden langen Haaren und ebenfalls einem Baby zu Hause. So kam Martina M. zur Einbindemaschine, wo die Bücher ihre Deckel erhielten, die aus gesteiftem, farbigem Leinen, worauf der Buchtitel bereits aufgeprägt war, mit zwei größeren Kartons für Vorder- und Rückseite und einem schmäleren Karton in der Mitte für den Buchrücken bestanden. Sie mußten herbeigetragen und durch zwei Walzen gelassen werden, um sie durch eine Krümmung nach innen den Büchern leichter anzupassen. Martinas neue Kollegin war eine ausgezehrte Gestalt, mit roten Haaren und seltsam hohen Augenbrauen. Eine andere Arbeit, die ständig anfiel, war das Anrühren eines speziellen Leimes. Diese chemisch eiskalte Masse hatte man draußen in der Toilette in Kübeln mit den Händen geschmeidig zu kneten und mit Wasser zu einem zähen, grauweißen Schleim zu rühren. Es war eine kalte und glitschige Angelegenheit, doch gab sie Gelegenheit, für einige Minuten mit draußenstehenden Kolleginnen zu schwatzen; das heißt, man hatte ein Alibi, wenn der Betriebsleiter wieder einmal neben seinen Papierarbeiten und Kaffeepausen das Haus durchstreifte; es veranlaßte jedesmal eine fluchtartige Besetzung aller drei schäbigen Toiletten, da er es nicht liebte, die Arbeiterinnen im Toilettenraum stehen zu sehen.

Der Vorarbeiter Herr L. war einer von der Art, die ständig dem Chef beweisen mußten, wie unentbehrlich sie waren. So versah er im Hause des Chefs auch den Hausmeisterposten gegen freies Quartier, hatte mehrere Kurse besucht und strebte wohl insgeheim den Posten des zukünftigen Betriebsleiters an. Oft schaltete er die Maschine — wohl das älteste Modell des Betriebes, auf jeden Fall das ungepflegteste — ab und ließ sie „abkühlen", um draußen Lagerarbeiten zu verrichten oder Lieferungen. Damit verstand er es glänzend, die Arbeit so einzuteilen, daß ständig Überstunden anfielen; und somit auch für Martina. Es verging kaum eine Woche, in der man nicht um sechs Uhr früh begann und länger blieb oder gar Samstag und Sonntag, je nach Auftragslage. Bezahlung gab es keine, nur versprochenen Zeitausgleich, auf den man lange warten konnte. An einem Ende waren die geschnittenen deckellosen Bücher auf ein Band zu stellen, mit dem Rücken nach oben. Die Maschine preßte das Buch, die Rückseite erhielt ein Netz aufgeklebt und an beiden Enden ein Stück Zierstoff, genannt das „Kapital". Danach wurde die erste und letzte Seite angeleimt, das jeweilige Buch hochgehoben und der Deckel fest an Vorder- und Rückseite gepreßt, und die Maschine spuckte die Bücher mit recht flottem Tempo auf ein Band, welches sie auf ein niedriges Tischchen schob. Man hatte sie dort zu stapeln und auf eine Palette nebenan zu schichten. Das Tischchen war zu nieder, um davor ordentlich zu stehen, und zu hoch, um gebückt zu bleiben, daher nahm man eine irrsinnig die Bandscheiben belastende Haltung davor ein. Dazu mußte man stets rechtzeitig leere Paletten heranschaffen und volle wegführen, bevor die Bücher vom Tischchen herabfielen. Es war ein ewiger Kampf. Herr L. beschränkte sich dagegen auf das Beobachten der Maschine und das Umstellen auf andere Buchtypen. Es war schrecklich, wie verschmutzt, staub- und ölbeschmiert diese Maschine war. Irgendwie erschien sie Martina immer mehr als ein riesiges Lebewesen, ein Lebewesen ohne Hände, das gehätschelt, gefüttert, gesäubert werden mußte, das bei falscher Behandlung oft streikte und altersschwach war. Der grüne Lack war teilweise abgesplittert oder manche Stellen dick mit inzwischen braun und hart gewordenem Leim angekleckst.

Für Martina M. gab es einmal im Monat ein besonderes Zittern, aber das, worauf sie wartete, kam meist abends, mit Krämpfen, die im Bett liegend schnell vergingen. Einmal aber begannen die Krämpfe am frühen Vormittag, und gerade zu dieser Zeit gab es dicke und schwere Bücher, die noch schneller zu stapeln waren, noch schnelleres Bücken erzwangen. Es war die schlimmste Hölle, und sie dachte an all die Frauen, die schon gezwungen gewesen waren, still und stumm zu leiden und doch weiterzuarbeiten. Die Schmerzen steigerten sich durch das angespannte unnatürliche Stehen, kalter Schweiß stand ihr auf der Stirn, die Tabletten wirkten nicht, und sie konnte das doch nicht öffentlich umherposaunen oder sich krank melden — was wußten schon männliche Vorgesetzte. In der Mittagspause gab ihr eine mitleidige Kollegin, die ihre Verfassung bemerkte, etwas mitgebrachten Schnaps zu trinken, sodaß in Verbindung mit den Tabletten die Schmerzen am Nachmittag nachließen.

Mit ihrer Kollegin, Frau O., sprach Martina eines Tages über das Los der Frauen, zuwenig zu verdienen, um als Alleinstehende ordentlich zu leben, auch daß die Männer, obwohl kräftiger gebaut, für die gleiche Arbeit um ein Drittel mehr Geld erhielten; die Schmutzarbeit — da war man sich einig — die schwere körperliche Arbeit blieb den Frauen; Männer machten sich kaum die Finger schmutzig. Sklaven waren immer die Frauen, sei es im Haus, sei es im Betrieb — billigste Sklaven, die den Haushalt daheim nebenbei zu versorgen hatten, die Kinder aufzuziehen, das Gehalt ihres Mannes durch schlechte Arbeit aufstocken mußten, da dessen Gehalt nicht reichte; und die manchmal sogar noch, nach dem Saufgelage des Wochenendes, in der Nacht geprügelt wurden, wenn sie nicht willig waren. Bekamen sie ein Kind, so verloren sie oft ihre Arbeit; denn der Arbeitgeber gab ihnen — Gesetz hin oder her — zu verstehen, daß sie später, auch wenn sie zurückkämen, nicht behalten werden würden. Man kann eine Arbeitsstelle einfach nicht monatelang unbesetzt lassen! Die Kinder waren arm; denn sie werden doch von den ersten vier Lebensjahren geprägt; doch der Gesetzgeber bezahlt nur drei. Die Eltern schieben die Kinder zu früh in Kindergärten, zu Verwandten oder in Heime ab; und so von den eigenen Eltern vernachlässigt, darf man sich nicht wundern, daß die Jugendlichen später zu Rauschgift, Alkohol und Aussteigertum greifen, wenn sie sich dem herzlosen Terror des Geldverdienens um jeden Preis — wie ihre Eltern es tun — nicht anpassen können. Die Kinder, so meinte Martina, werden nun einmal von ihren Eltern geprägt und brauchen beide, genauso wie Sicherheit, es forderte eine Ehe oder Lebensgemeinschaft. Früher mußte der Mann Ernährung und Schutz von Frau und Kind besorgen. Aber heute? „Die Frauen wollen nicht an den Taschen der Männer hängen, sie wollen selbst verdienen, meinte Frau O. „Ja", gab Martina zu, „aber ihre Interessen dürfen nicht zu Lasten des Kindes gehen. Emanzipation heißt: frei sein, wählen dürfen, lernen können, nicht mehr vom Mann gezüchtigt werden dürfen. Es meinte nicht: Die Frau soll dieselbe Arbeit wie ein Mann machen, dafür keine Kinder mehr haben, ihr Frau-Sein ganz aufgeben! Das wollen doch die Fiemen, um biligste Arbeiterinnen zu haben, alle Berufe mit vielen Frauen sind unterbezahlt, und der Staat will mehr Steuerzahler. Die Emanzipation ist, wie sie heute üblich ist, nur ein Vorwand. Nur wenn die Frau wie ein Mann handelt, wird sie akzeptiert, aber nicht wenn sie als Frau handelt. Die Frau ist Sklavin geblieben, und macht diese Dummheit noch freiwillig mit! Die Frau ist total gestreßt, und der Mann sucht sich eine andere, die mehr Zeit für ihn hat, die Kinder verwahrlosen. Man sollte erst später heiraten, wenn man reif genug ist, und auch nicht Kinder ledig in die Welt setzen, wie es Mode ist, besonders bei den Arbeiterinnen, wenn man in Wahrheit gar keine Familie wünscht, aber die Beihilfe kassiert — und alles wegen des Tiebes!" „Was!" rief Frau O. beleidigt, „ich habe ein Kind, ein Wunschkind, nichts geht ihm ab, es hat haufenweise Spielzeug, es ist in einem sehr teuren Kindergarten." „Nun gut", schwächte Martina M. ab, „aber du lebst in einer Lebensgemeinschaft. Ich sagte ja, es gibt Frauen, die gezwungen sind, dazuzuverdienen." „Mein Freund verdient viermal so viel wie ich hier." „Warum arbeitest du dann hier?" fragte Martina stirnrunzelnd. „Ich arbeite ganz freiwillig hier, weil ich es zu Hause nicht aushalte, es ist mir zu langweilig. Und am Wochenende will mein Freund ohnehin immer das Kind daheim haben, obwohl wir dann ausgehen — letztes Mal wollte er das Kind daheim haben, obwohl der Kindergarten offen war; aber ich zahle nicht so einen teuren Kindergarten umsonst. Wir haben das Kind wieder rübergebracht, dort kann es spielen." „Und wenn der Kleine einmal älter wird?" „Wir haben schon ausgemacht, wenn er nur einmal frech wird und Mucken macht, kommt er sofort in ein Heim!" Bei so viel Elternliebe zog Martina es vor, über dieses Thema weiterhin zu schweigen. Vielleicht war es für das Kind wirklich besser, denn wie es sich später einmal herausstellte, war der Freund Frau O.s ein Trinker.

Nicht alle Bücher wurden geleimt; die wertvolleren wurden am Rücken maschinell „zusammengenäht", also geheftet. Manchmal mußten die Frauen auch in der Verpackung helfen, wo man die Bücher auf Fehler durchsah, Flecken am Papierrand mit Schmirgelpapier entfernte, sie händisch in einen Papierumschlag gab, maschinell mit Zellophan und der roten DM-Preisetikette versah und zur Lieferung bereitstellte. Irgendwann stellte sich heraus, daß die scharfzüngige Vorarbeiterin dort die Schwester des Betriebsleiters war, als noch zwei Schwestern, die Frau und der Schwiegersohn — letzterer war eben jener Arbeiter an der Schneidemaschine, doch da er in Scheidung lebte, würde er wohl früher oder später gehen müssen —, im Betrieb arbeiteten. Sie, Herr L. und ein alter Arbeiter stellten interessanterweise den Betriebsrat. Eines Tages weigerte sich Martina, da sie abends Kurse besuchte und eine wichtige Prüfung hatte, sich dem Druck Herrn L. nachzugeben und länger zu bleiben, und als Folge darauf wurde sie ganz nach hinten versetzt zu den Falzmaschinen, und eine andere Arbeiterin kam dafür nach vorne. Inzwischen hatte Martina ohnehin schon 51 gutgeschriebene Überstunden. Die Falzmaschinen, die die Bögen, die der alte Vorarbeiter obenauf legte, zweimal falteten, verursachten einen immensen Lärm, den Martina trotz selbstbesorgten Ohrenwachses als Vibration der Geräte spürte. Nie könnte sie jemals ihren ersten Arbeitstag hier vergessen. Die gefalteten Bögen schossen mit sehr hoher Geschwindigkeit aus der Maschine und füllten den Korb innerhalb von Sekunden; man mußte sie wie ein Paket aufnehmen, geradeklopfen, eine Papierlasche umbinden, mit einem zu schneidenen Klebeband festkleben, einen Stempel mit jeweiliger

Bogennummer und dem Buchtitel aufdrucken und dann die Pakete in einer Ecke schön geordnet aufschlichten, während der Korb mit den Bogen wieder gefüllt war und fast überging. Martina war den Tränen nahe, besonders mühsam war das Geradeklopfen, doch mit der Zeit erlangte sie doch Routine, sodaß sie nebenbei sogar die Seiten zu lesen begann.

Neben ihr arbeitete eine arme, dicke und debile Frau, die ihre schwachsinnigen Kinder, die in Heimen waren, ernähren mußte und darum an Kosmetika und Seife sparte. Ihren Bruder hatte man nach einem Selbstmord im See gefunden, und auch sie sprach einmal davon. Einmal zeigte sie Martina ihren eingebundenen Fuß. Sie hatte ihn zu Hause mit der Hacke verletzt, war aber aus Angst um ihren Arbeitsplatz nicht in Krankenstand gegangen. Gegen Dienstschluß mußten die Maschinen mit Pinseln gesäubert werden; alle Löcher, Rillen, Ritzen, auch unter der Maschine, unter die man hineinkriechen mußte, wurden gereinigt, denn der feine weiße Staub, der so aussah wie feinste Schneeflocken, lag überall, er war auf den Tischen, auf der Haut, auf dem Haar, auf den Brillen, er trieb in der Luft und verursachte einen ständigen Reizhusten, und Martina würgte oft so sehr, als ob sie Asthma bekäme, wie auch ihre überstrapazierten Handgelenke über das Wochenende taub wurden, unfähig, etwas zu halten. Der zentimeterhoch liegende Staub oder das Maschinenöl am Boden mußte beseitigt werden, wie auch die Maschinenteile mit Lappen gereinigt werden. Eigentlich liebte Martina diese hilflosen, alten Wesen; und irgendwie dankten ihr die Maschinen dafür, denn wann immer sie sich eine Pause erwünschte — prompt streikten sie oder das Papier verklemme sich. Die numerierten Pakete wurden nach Nummern in Reihenfolge in eine Maschine eingelegt, wo sie auf ein Laufband herabfielen und so in rechter Reihenfolge bei Frau C. herauskamen. Im Herbst hatte Martina sich eingelebt; und doch diskutierten die Arbeiterinnen über das nie vor dem Zehnten des Monats ausgezahlte Gehalt, es war bekannt, daß die Firma in finanziellen Nöten war, was aber den Chef nicht abhielt, mit der Familie in den Urlaub zu fahren; genauso wie man sich darüber erregte, wer die neuen

Betriebsräte werden sollen — denn um Subventionen zu erhalten, mußten zuvor Wahlen abgehalten werden. Keineswegs sollten die Verwandten des Betriebsleiters wiedergewählt werden, doch zur Zeit der Wahlen flatterten fünf blaue Briefe zu den jungen Arbeiterinnen; darunter zu Martina und einer jungen Arbeiterin, die es gewagt hatte, nach einem Beinbruch an Grippe zu erkranken.

„Was, Sie kommen auch vom . . . Verlag?“ fragte der Beamte Martina erstaunt, „Ja“, meinte Martina, „und es kommen noch andere.“ „Um Gottes Willen, verschreien Sie es nicht!“ meinte er. Geduldig saß Martina da, die Hände auf dem Schoß. „Haben Sie alle Papiere mit?“ Er betrachtete die Papiere prüfend. „Haben Sie vielleicht eine Stelle für mich?“ fragte Martina zaghaft. „Das ist nicht so einfach, es sind schwierige Zeiten, aber versuchen Sie es an diesen zwei Adressen.“ Martina eilte dankend hinaus und verließ das Arbeitsamt — wieder einmal . . .

WINFRIED GINDL

Die Reise

Ich bestieg ein internationales öffentliches Verkehrsmittel, um eine weite Reise zu unternehmen. Nach langer anstrengender Fahrt entstieg ich dem Verkehrsmittel. Der Bahnhof war schmutzig, eckig und hoch. Die Leute waren traurig oder böse, und fremd.

Vor dem Bahnhof war ein hektisches Durcheinander ungeordnet rasender alter Autos. Ich winkte nach einem Taxi. Sich dem wilden ungeordneten Rasen einordnend, brachte mich der böse blickende Taxifahrer an die angegebene Adresse.

Es war ein schmutziges Gasthaus in der Form eines langen Ganges. Kein einziger Gast war zu sehen. Der Wirt hinter der verschmierten Glastheke war ein dicker Mann mit schmutziger weißer Schürze. Er grinste. Da er kein Wort sagte, versuchte ich, in der von mir angenommenen Landessprache etwas zu sagen. Er aber antwortete mir in meiner Muttersprache, und zwar mit einer exakten Wortsetzung, wie man sie nur in den Büchern hervorragender Schriftsteller findet.

Da er meine Sprache sprach, fühlte ich mich ein wenig vertraut, und sagte: „Die Stadt ist sehr schmutzig, und die Bevölkerung, um es vielleicht gelinde auszudrücken, sehr verbittert. Ich habe noch nirgendwo, und ich bin schon weit in der Welt herumgekommen, nur annähernd so viel Schrott, Kot, Schmutz und Unfreundlichkeit, ich möchte fast sagen Gehässigkeit, und so viel Gewalt gesehen. Man sieht ja überall zusammengeschlagene Menschen auf den Straßen, und Schießereien, und Schlägereien. Habt ihr vielleicht eine Revolution? Allerdings habe ich in den Zeitungen, die ich während der Reise weiß Gott genau studiert habe, aber schon überhaupt keine Hinweise in diese Richtung gefunden. Können Sie mir, der Sie mir der der einzige vernünftige Mensch zu sein scheinen, den ich seit dem Verlassen des Verkehrsmittels antreffe, vielleicht sagen, was mit dieser Stadt und ihren Bewohnern los ist? Ich kann mir all das, ehrlich gesagt, überhaupt nicht erklären." Er hatte sein falsches Grinsen in dem fetten und fettigen Gesicht noch immer sitzen, und veränderte es auch noch einige Sekunden nicht, sodaß ich ihn für den Bruchteil einer Sekunde für eine Wachspuppe hielt.

„Wollen Sie etwas trinken?", fragte er mich, „Rotwein?", und er wies mit seiner fetten Hand auf eine große Flasche. „Meinetwegen", antwortete ich, „aber ich habe Ihnen eine Frage gestellt." Er schenkte mir behaglich ein sehr großes Glas mit Wein voll. Seine Bewegungen ließen aber erraten, daß er sprechen würde.

„Was kannst du schon gesehen haben?!", sagte er, mir das Gesicht zuwendend. Als ich ihn ansah, zog sich sein rundes Gesicht zu einem ganz dürren zusammen, mit anklagenden Augen, die mich fixierten, und ging dann ohne Ausweitung direkt wieder in das fette, fettige, grinsende Gesicht über. Mit der gleichen Behaglichkeit schenkte er nun auch sich ein großes Glas voll. „Prosit dann", sagte er.

„Auf Ihren Besuch in unserer schönen Stadt."

„Ich bemerkte gerade", sagte ich, „daß ich bemerkt habe, daß diese Stadt überhaupt nicht schön ist, sondern . . ."

„Was willst du schon bemerken?!", hörte ich eine Mädchenstimme und wollte mich gerade umdrehen, als ich sah, daß anstelle des dicken Mannes eine hübsche junge Blondine vor mir stand und mich herausfordernd anlächelte. Nervös wollte ich an meinem Glas nippen, und spürte plötzlich, wie Flüssigkeit auf meine Schuhe prasselte, sah zu den Schuhen, spürte schon die Feuchtigkeit.

Es war Rotwein am Boden und ich hielt mein Glas geneigt. Ich hatte den Wein verschüttet. Als ich wieder aufblickte, stand der Mann grinsend hinter der Theke und reichte mir ein Tuch, und bemerkte, es sei nicht so schlimm. Da fiel mir die Blondine ein. Plötzlich klirrte es. Das Glas war mir aus der Hand gefallen und am Boden zersplittert.

„Regen Sie sich nicht auf", sagte der Mann. „Ich bringe das

in Ordnung. Sind Sie nervös von der Reise? Wollen Sie sich vielleicht hinlegen?".

„Ja, das würde ich gerne", sagte ich verwirrt, „aber in dieser schmutzigen Spelunke in dieser schmutzigen Stadt. Wo soll ich mich da hinlegen?".

„Was maßt du dir an?!", rief er. „So hat noch niemand hier gesprochen. Ich bin der Herr dieses Palastes, und meine Untertanen sind alle glückliche und friedliche Leute und sehr reinlich, da sie sehr große Freude an Reinigungsarbeiten haben!"

Ich schloß die Augen, da ich glaubte, in einem rießigen prunkenden Saal zu sein, und vor mir stand ein gütig lächelnder weißhaariger Mann, mit einer aus Gräsern kunstvoll geflochtenen Krone auf dem Kopf.

Als ich die Augen öffnete waren überall lustige Leute, die Lebensmittel austauschten, miteinander sprachen und scherzten. Manche lagen am Boden, einige alleine, einige in Gruppen, andere wieder liefen, andere sprangen. Einer stand und starrte zur Sonne.

Ein junges Mädchen sprach mich an: „Kann ich dir irgendwie helfen? Suchst du jemanden?"

„Was bist du von Beruf?", sagte ich.

Von was?"

„Von Beruf?", sagte ich.

„Das verstehe ich nicht", antwortete sie verwundert blickend.

Nach kurzem Überlegen sagte ich: „Was tust du den ganzen Tag über?"

„Das kommt darauf an", sagte sie.

„Worauf?"

„Also du stellst Fragen. So wie bei dir halt auch. Kannst du das sagen?"

„Ich kann schon", war meine Antwort, „aber ich sage es nicht, wenn du es nicht sagst".

„Wie du willst", sagte sie.

Da sie nicht mehr sprach, sagte ich noch einmal: „Worauf kommt es an?" „Na worauf wohl", antwortete sie, „worauf ich gerade Lust habe, so wie bei den anderen."

„Und worauf hast du so Lust?"

„Worauf die anderen auch Lust haben. Zum Baden, zum Wandern, zum Fischen, zum Vögeln, zum Dichten, zum Singen usf.“, sagte sie unbekümmert.

„Wer sind die anderen?“ fragte ich.

„Na alle. Aaaaahhhh“, zog sie das Wort in die Länge. „Du kommst aus einem anderen Land. Da war schon einmal einer hier, der Papst.“

„Was, der Papst?“

„Ja, so hat er geheißen. Und wie heißt du?“

„Und du?“ sagte ich.

„Wie willst du denn, daß ich heiße?“

„Anna vielleicht“, scherzte ich.

„Gut“, schelmte sie, „das gefällt mir. Ich werde dich auch nennen. Du heißt Philosoph. Von dem hat der Papst öfters gesprochen.“

Dann stellte ich keine Fragen mehr. Ich hatte kapiert.

Bald stieg ich dann wieder in das öffentliche Verkehrsmittel. Die Reise war lang und beschwerlich.

Zu Hause rief ich dann den Papst an, da er der einzige war, der jemals dort gewesen war.

„Das ist das Land der Glücklichen“, sagte er, „wo nichts feststeht. Daß Sie auch dort waren!?“

Ich erwähnte auch Anna.

„Ja die Anna . . .“, hörte ich ihn lachen, wie es sich für einen Papst nicht gehört. Ich hörte auch, wie er sich mit der flachen Hand auf die Oberschenkel schlug.

Dann ging ich, wie es sich für einen ordentlichen Philosophiestudenten gehört, zur nächsten Vorlesung.

hannes glawischnig

schienenverkehr

karl dohr erwachte, den schrillen ton des alltäglichen wekkerläutens noch im ohr, als vertrautes zeichen des tagesanbruchs. sein trinkglas, das auf dem nachtkästchen stand, war leer, er trank es immer kurz nach mitternacht, nachdem er auf das klo gegangen war, aus.

widerwillig warf er die decke zurück, es war die blau-weiß karierte, und er wußte, daß heute eine ungerade woche war, denn seine frau wechselte die bettwäsche einmal in der woche, und sie hatten nur zwei. eigentlich, wenn karl ehrlich war, hatten sie mehr als diese zwei, aber es wurden immer nur die blau karierte und die weiße mit den pastellfarbenen blumen verwendet. er bemerkte es immer kurz vor dem aufstehen, darauf hoffend, einmal einen gepunkteten oder gestreiften bettüberzug zurückwerfen zu können, aber jedesmal war er sich schon vorher im klaren gewesen, daß sich die regelmäßigkeit, mit der seine frau die wäsche wechselte, nie ändern wird.

automatisch legte karl seine hand auf die andere seite des bettes, dort, wo seine frau geschlafen hatte, aber sie war schon wieder früher aufgestanden — sie braucht keinen wecker, denn ihr schlaf ist unruhig und leicht, und sie erwacht immer, wenn sie das auto des nachbarn wegfahren hört, und dieser muß schon sehr früh zur arbeit — und war in der küche damit beschäftigt, karls frühstück zu bereiten. die geräusche aus der küche waren ihm vertraut, das pfeifen der wasserkanne — dann wußte karl, daß er aufstehen mußte —, das elektrische surren der brotschneidemaschine, die karl seiner frau zu weihnachten geschenkt hatte, und das klappern der kaffeeschalen auf den untertassen, wenn sie seine frau auf den tisch stellte.

in der küche waren nur zwei stühle — sie hatten nie kinder gehabt — und seine frau saß in der nähe des herdes, immer bereit, karl kaffee nachgießen zu können. karls stuhl stand neben der tür, so zurechtgerückt, daß er sich nur mehr zu setzen und seinen kaffee zu schlürfen brauchte.

aber jetzt kletterte er, getrieben vom aufdringlichen pfeifen des wasserkessels, aus dem bett, bückte sich, um seine unterhose, die er vor dem schlafengehen unter das bett geschossen hatte, aufzuheben. denn es war ihm unerträglich, seine unterhose sichtbar auf dem boden liegenzulassen, und auch seiner frau wollte er diesen unordentlichen eindruck ersparen.

heute war wochenanfang, und seine frau hatte die frischgewaschene uniform sauber über die sessellehne gelegt, sodaß karl nur hinzugreifen und hineinzuschlüpfen brauchte. im spiegel kontrollierte er wie jeden tag, ob die uniform richtig sitzt, und er dachte in diesem moment daran, daß er einmal stolz gewesen war, eine uniform zu tragen, aber schon seit jahren ekelte ihn die dunkelblaue monotonie seines arbeitsgewandes an. was blieb ihm aber anderes übrig, er war kartenverkäufer am nahegelegenen bahnhof, und seine behörde verlangte das anlegen dieser uniform, um dem kartenkaufenden respekt einzuflößen.

karl war dies egal, denn die meisten, die sich an seinem schalter anstellten, waren ihm bekannt. sie duzten ihn als ausdruck des täglichen zusammentreffens; nur selten kamen fremde reisende, die schnell wieder verschwanden, denn in dieser stadt hielt es niemand lange aus.

nach dem ankleiden — karl wußte schon, daß der dampfende kaffee auf dem tisch stand — beeilte er sich, noch ins badezimmer zu kommen, aber er konnte sich eilen so oft er wollte, vor der badezimmertür erreichten ihn wieder die worte seiner frau: „karl, trödle nicht so, jeden tag das selbe!“ er wußte, er konnte diesen worten nicht ausweichen, er kannte sie auswendig, die regelmäßigkeit dieser wörter hatten sich in sein gehirn eingebrannt, und er antwortete nur mit einem unterkühlten „ja“, dann schlüpfte er durch die badezimmertür, wusch sich das gesicht mit warmem wasser, putzte sich die zähne, obwohl er genau wußte, daß er die zähne nächstesmal nach dem frühstück putzen würde, um den geschmack des kaffees nicht zu beeinträchtigen; aber die automatik seines badezimmerbesuchs ließ es nicht zu. zuletzt kämmte er sich, strich mit der bürste seine haare zurecht, denselben scheitel schon seit jahren.

in die küche kam er immer zu spät, schob mit dem fuß den zurechtgerückten stuhl zur seite, er hatte nur zeit, den kaffee zu trinken, im stehen, ganz schnell. durch dieses tägliche eilige frühstück war er magenleidend geworden und mußte regelmäßig zur untersuchung. bald war es wieder soweit, und er hatte angst davor. das lange sitzen, der eigentümliche, krankhafte geruch des wartezimmers, das professionelle lächeln des arztes, das nervige warten auf die untersuchungsergebnisse; wieder neue tabletten, neue warnungen, sein leben ein wenig ausgeglichener zu gestalten.

zum abschied wollte er seine frau küssen, aber sie wich jedesmal aus, hatte nur bemitleidendes grinsen für seine zeitnot und ihre gerechtfertigte schelte übrig. er nahm angeekelt seinen hut vom kleiderständer, holte sein aktenköfferchen unter dem schrank hervor und lief die stiegen zum haustor mit großen schritten hinunter. seine frau sagte oft, er werde noch einmal stürzen und sich etwas brechen. aber karl wußte, wie er seinen schritt plazieren mußte; er machte es schon seit jahren so.

draußen regnete es. es regnete überhaupt oft in dieser stadt, zu oft für karl, der, wenn er hinter dem schalter saß, schmerzen in seinem rechten knie — wahrscheinlich eine folge seines täglichen stiegenrennens — bekam, und er verfluchte dieses wetter. die luft roch feucht und modrig, nichts war zu spüren von der frische und belebung, wie sie der regen auf dem land mit sich bringt.

entgegenkommende autos blendeten ihn, und er ging an den äußersten rand des gehsteiges, weil er wußte, daß die rinne neben der gosse das ganze wasser nicht aufsaugen konnte. in den löchern der straße sammelten sich pfützen, und die autos spritzten schmutzige fontänen gegen die fußgänger, die trotz des ausweichens naßgespritzt wurden. manche hielten ihre regenschirme schützend den spritzern entgegen, und karl ärgerte sich immer, den schirm zu hause vergessen zu haben, dabei war er sichtbar an den haken neben dem kleiderständer gehängt.

so mußte er sich damit abfinden, daß sein mantel naßgespritzt auch bis zum feierabend nicht trocken würde, denn der schalterraum war nur mäßig beheizt. energieeinsparungen hieß es, und karl fror immer, wenn er den leuten das wechselgeld aushändigte.

der weg, den karl zurückzulegen hatte, war kurz, aber viele autos fuhren an ihm vorbei, und er zog oft seinen hut, denn die sich hier jeden tag begegnenden waren einander bekannt.

karl suchte noch, wenn sich keine leute im wartesaal befanden, die bahnhofsrestauration auf, wo er als stammgast überaus freundlich begrüßt wurde und sich an seinem platz niederließ. er brauchte gar nicht zu bestellen, die kellnerin stellte automatisch das kleine bier hin, und karl zahlte geübt, der rest ist trinkgeld, darauf ein gespieltes überraschtes dankeschön, das karl gewöhnlich mit „nichts zu danken“ entkräftete. das bier mußte schnell getrunken werden, denn um acht uhr kam immer sein vorgesetzter nachprüfen, ob karl sein tagwerk schon begonnen hatte. kaum platz genommen, verabschiedete er sich schon wieder, schritt über die abgetretenen fliesen in seinen schalterraum, rülpste leise, hängte hut und mantel an den haken neben der tür und stellte die aktentasche unter seinen schreibtisch. bevor er sich niedersetzte, drehte er sich um, aber es war keine veränderung zu merken. die putzfrau hatte seinen tisch schon wieder mit diesem ekelhaften putzmittel gereinigt, wie oft hatte er sich darüber beklagt, aber putzfrauen sind eigensinnig und glauben einem fahrkartenverkäufer kein wort; die finden es empörend und beleidigend, wenn man sich in ihre angelegenheiten einmischt, und gehen sich auch noch zum vorgesetzten beschweren. auch karl war wegen seiner unflätigen art gegenüber putzfrauen vom stationsvorsteher gerügt worden, die ganze peinliche situation wurde noch von empörten blicken einiger mitarbeiter unterstrichen. der geruch ärgerte ihn zwar noch immer, aber er hütete sich davor, nur ein wort darüber zu verlieren; so fluchte er nur für sich allein und gab sich damit zufrieden.

durch die glasscheibe beobachtete er die wartenden, es waren altbekannte, die mit dem zug zur arbeit oder in die schule fuhren. viele hatten monatskarten, und so brauchten sie sich nicht bei karls schalter anzustellen. mit leichtem kopfnicken begrüßte er die anwesenden, sie grüßten zurück, blickten dann wieder nervös auf ihre uhren, lauschten, ob der ankommende zug der ihre wäre, sprangen auf, griffen zu ihren taschen, setzten sich aber gleich wieder, denn es war nur ein güterzug, der an diesem bahnhof nicht station machte.

karl riß das kalenderblatt ab, knüllte es zusammen und warf es in den papierkorb. er schaute dem papier nach, wie es von der korbwand abprallte und dann am boden weiterrollte, bis es liegen blieb. karl hätte schon vorher sagen können, daß er nicht treffen würde. er traf mit dem kalenderblatt nie, jeden tag probierte er es, aber es fehlte an konzentration. „vielleicht ist es zu leicht“, dachte er sich, denn das stanniolpapier, das um sein jausenbrot gewickelt war, fiel immer genau in den korb, das war ihm schon das erste mal gelungen, und er mochte es schon tausendmal wiederholt haben, einen fehlversuch hatte es nie gegeben.

für die jause war noch zeit, und er wartete auf frau biel, die jeden monat bei ihm eine karte kaufte, denn sie hatte ein behindertes kind, das sie manchmal im heim besuchte. diesen besuch verband sie noch mit einkäufen, und spät am abend, wenn sie zurückkehrte, schleppte sie die schweren, bunten einkaufstaschen und das schicksal ihres kindes durch den wartesaal bis zur großen glastüre, wo sie vom taxifahrer empfangen wurde, der sie mit all ihren taschen nach hause fuhr.

heute war wieder ein tag, an dem frau biel ihr kind besuchen wollte, sie fuhr regelmäßig jeden ersten mittwoch im monat, und karl konnte ihre fahrkarte schon vorbereiten. er begrüßte frau biel mit dem gleichen unmerklichen nicken wie die anderen wartenden. sie war freundlich und rief durch die zellophanfolie, die karl vor dem mundgeruch der kartenkaufenden schützte: „guten morgen, herr dohr, hier bin ich, pünktlich wie immer.“

ach, wie haßte karl diese pünktlichkeit der reisenden, der züge, selbst seine eigene regelmäßigkeit widerte ihn an. karl wußte, wie sein tag sein würde, er war immer gleich, lief jede stunde in denselben bahnen; das zerknitterte kalenderblatt fiel neben den papierkorb, er traf mit dem stanniolpapier. warum eigentlich immer stanniolpapier, nie bunte servietten, wie sie seine mutter früher für die schuljause verwendet hatte. war seine frau so einfallslos, so zufrieden in ihrer blau-weiß karierten und pastellbeblumten regelmäßigkeit? waren sie zufrieden, die immer aufsprangen, sich dann aber enttäuscht wieder setzten, weil ihr zug erst zwei minuten später in den bahnhof einfährt?

karl wurde traurig, denn diese gedanken kehrten immer wieder, beim betrachten der wartenden, beim flug der stanniolkugel, beim leichten nicken des kopfes.

er war sich bewußt, etwas ändern zu müssen, jeden tag war er sich dessen bewußt, aber er war gefangen im netz des alltäglichen. vielleicht hatten sie auch dieselben gedanken, wünschten auch sie sich, aus der bahn geworfen zu werden, aber karl glaubte nicht daran. „die sind zufrieden, wenn sie ihre ordnung einhalten", sagte er sich.

die große glastüre öffnete sich, schnarrte ein bißchen, schloß sich wieder, immer dieselben leute, immer dasselbe aufspringen. karl wußte es, schloß die lade seines schreibtisches; es hatte zu regnen aufgehört, und die sonne blinzelte zwischen den wolken. karl ging durch die hintertür nach draußen und den bahnsteig. in den glänzenden schienen spiegelte sich das sonnenlicht, der nasse asphalt begann aufzutrocknen. karl atmete tief ein, jetzt war die luft besser, etwas frischer, und er grüßte mit seiner hand lächelnd einen zugführer. er war zufriedener, die sonne hatte den schmerz aus seinem knie vertrieben.

wieder fuhr ein güterzug ein, dröhnend schlängelte er sich durch das gewühl der verschiebeloks, folgte dem weg der weichen, verlangsamte sich nur wenig, denn er hatte nicht vor hier haltzumachen. die kabel der stromleitungen bildeten sich auf den fenstern der lok ab, die scheiben blendeten, der zugführer war nicht zu sehen. der lautsprecher forderte die leute auf, zurückzutreten und achtzugeben.

karl winkte dem zug, kniff die augen zusammen und grinste gegen die scheiben. für einen moment wurde der lokführer hinter dem glas sichtbar, karl sah, wie er grüßte, freundlich, lachend, zufrieden.

jetzt war der zug auf gleicher höhe mit den gebäuden, den lagerhallen und personalunterkünften. karl sah auf die uhr, er mußte bald wieder zurück in den schalterraum, nur kurz gestattete er sich noch einen blick auf den zug, dann wurde er leicht, seine füße verließen die wenigen feuchten stellen des bahnsteiges. er sprang und fühlte sich unheimlich stolz und dankbar. der zug rauschte durch, verließ den bahnhof wieder, wurde kleiner, verschwand hinter der kurve.

die leute im warteraum waren aufgesprungen, hatten sich aber gleich wieder gesetzt, denn es war nur ein güterzug gewesen.

EGYD GSTÄTTNER

Die Mutter

1 Meine Mutter sieht die Dinge anders. Sie sucht das Waschpulver sorgfältig aus. Nicht jedes ist ihr recht. Sie ist sehr wählerisch. Einem Vollwaschmittel jedoch, das Vorwaschmittel und Hauptwaschmittel in einem ist, hält sie seit Jahren die Treue. Es besteht aus waschaktiven Substanzen, Waschmittelaufbaustoffen, Sonderzusätzen, darunter Perborat, Enzyme und optische Aufheller sowie aus Hilfsstoffen, die auf der Packung prozentuell aufgeschlüsselt sind. Dieses Produkt eignet sich für Feinwäsche aus Wolle, Seide und Viscose, für Wäsche aus synthetischen Fasern, für bügelfreie Baumwolle, nicht kochechte Buntwäsche und Leinen. Meine Mutter weiß, welche Wäsche mit 30 Grad, welche mit 60 Grad und welche mit 95 Grad zu waschen ist, damit die Farben bleiben, wie sie sein sollen, und die Stoffe nicht in Mitleidenschaft gezogen werden. Dieses Produkt zahlt für Treue in bar. Das macht dieses Produkt meiner Mutter so wertvoll. Sie sammelt die Treuemarken auf der Innenseite des Deckels und klebt sie auf den Treuegutschein, den man beim Kaufmann bekommt. Der Kaufmann lächelt stets freundlich, genau wie der im Fernsehen. (Nur ist der Kaufmann meiner Mutter schon ein wenig älter und hat Schwierigkeiten, seine immer offenkundiger werdende Glatze zu verbergen.) Einige Glückliche haben mit dem Treuegutschein aber auch schon eine Urlaubsreise nach Neapel oder Rhodos gewonnen. Meine Mutter war noch nie in Rhodos. Meine Mutter hält meinem Vater und ihrem Waschmittel die Treue. Sie ist eine treue Seele. Noch selten hat sie dieses Produkt betrogen. Selbst Erdbeerflecken macht es den Garaus. Das schaffen herkömmliche Waschmittel nicht.

Meine Mutter ist immer vorbereitet. Man kann sie nicht überraschen. Tag für Tag wartet sie, ob es an der Haustür klingelt, ein freundlicher Mann mit gefröntem Haar ihr ein

Mikrophon unter die Nase hält und fragt, ob sie dieses Waschmittel mit einem anderen vertauschen würde. Meine Mutter hat sich diese Frage im Geist schon tausendmal gestellt und ebenso oft beantwortet. Jedes Wort sitzt. Bis jetzt ist noch keiner gekommen, aber einmal wird einer kommen, glaubt meine Mutter felsenfest. Im Winter werden sie nicht kommen, sage ich, der schmutzige Schnee macht sich nicht gut in einem Werbespot für Waschmittel. Die Wege der Werbemanager sind unergründlich, sagt die Mutter, man muß mit allem rechnen, man weiß nie, wann was passiert.

2 Das Haus meiner Mutter, in dem auch ich wohne, ist ein schönes Haus. Als sie noch Geld hatte, ließ sie die Küche, das Wohnzimmer, das Schlafzimmer und die Garderobe renovieren. Im Garten arbeitet sie selbst. Natürlich verletzt es ihr Ehrgefühl, daß der Garten des Nachbarn immer noch um eine Spur frischer und um eine Nuance eleganter wirkt. Unsere Grashalme sind widerspenstiger als die des Nachbarn, dieses Manko wird aber durch die Phantasie der Mutter, die dem Nachbarn freilich völlig fehlt — wie sie sagt — wieder wettgemacht. Sie pflanzt Blumen in alles, was sich nicht dagegen wehren kann: in übermalte Bierfässer, in alte Scheibtruhen, in zerschlissene Obstkörbe. Sie hat eine kleine Silbertanne gepflanzt, die im Lauf der Jahre majestätisch geworden ist. Sie hat sogar eine Laterne installieren lassen, damit man auch in den lauen Sommernächten im Garten sitzen kann. Mit diesem genialen Schachzug hat sie den Nachbarn in Sachen Garten endgültig mattgesetzt.

Genaugenommen war die Laterne aber doch eine Fehlinvestition, denn die Mutter sitzt an kalten Winterabenden genau wie in lauen Sommernächten vor dem temperaturneutralen Fernsehgerät, weil sie wissen will, was es in der Welt Neues gibt. Den Unterschied zwischen Welt und Hollywood kennt sie nicht so genau. Was fängt man die ganze Nacht im Laternenschein des Gartens an, wenn keine Welt dabei ist? Wenn man den ganzen Tag hart arbeitet, hat man am Abend das Recht, sich zu erholen, erklärt die Mutter.

Nach dem Schlafzimmer war die Toilette zur Renovierung vorgesehen gewesen, aber da ist von einem Jahr auf das andere die Wirtschaftskrise über ihr teilrenoviertes Haus hereingebrochen. Nun muß die alte Toilette unseren hygienischen Ansprüchen genügen, bis wieder bessere Tage kommen. Die besseren Tage freilich lassen sich nun schon zehn Jahre Zeit. Die Mutter sagt, während sie die gefüllten Paprika aus der Tiefkühltruhe nimmt, die Tage werden immer schlechter statt besser.

Früher war es Tradition, daß Vater und Mutter eine Woche im Jahr an die Adria gefahren sind, ins Vorzimmer des dolce vita, und sich mit Spaghetti und Capuccino und Gelati vollgestopft haben, weil man muß — so die Mutter — einmal ein bißchen herauskommen aus dem ewigen Trott. Heute können sie sich das Herauskommen ebensowenig leisten wie die neue Toilette, und so müssen sie mit einer Tradition nach der anderen brechen.

Der Vater besucht an Sonntagvormittagen nun allein die Gottesdienste, denn der Mutter ist das Sonntagsmenu in den Gasthäusern zu teuer, und sie sagt sich, eine gute Frau, die daheim am Herd einen leckeren Schweinsbraten mit Kartoffeln und Sauerkraut zubereitet, muß dem Herrgott mindestens ebenso wohlgefällig sein wie eine, die während der Messe an ihrem neuen Pelzmantel zupft. Den Vater hat die Wirtschaftskrise wenigstens noch nicht so arg erfaßt, daß er nicht nach den Gotesdiensten im Kaffeehaus eine Melange schlürfen und ein halbes Stünderl in den Zeitungen blättern könnte. Daheim freilich muß er unabhängig vom jeweiligen Gericht, das gerade aufgetischt wird, sagen, daß die Mutter eine bessere Köchin ist als die beste Köchin im besten Luxushotel der ganzen Welt, selbst wenn er dabei auf der Nase schwitzt. Solche äußeren Zeichen übersieht die Mutter allerdings gerne, ja es kommt sogar häufig vor, daß sie selbst ihr Essen als „Einzigartigkeit“ oder „Gedicht“ lobt.

Arbeit macht das Leben süß, sagt die Mutter und zerteilt mit der Gabel einen Marillenknödel. Am Abend wird sie weitere Folgen vom „Tatort“ sehen.

3 Die Mutter sagt, Arbeit macht das Leben süß. Daraus folgt, daß ein Leben ohne Arbeit bitter ist. Aber so meint die Mutter das nicht. Sie will sagen, daß erst die Arbeit Rechtfertigung gibt, den anderen die Luft wegzuschnaufen, und für jede Stunde Arbeit bekommt man beim Himmelvater und bei den Menschen einen goldenen Punkt. Umso härter die Arbeit, desto besser. Die, die nicht arbeiten, wird der Himmelvater schon gehörig strafen, denn sonst gäbe es ja keine Gerechtigkeit. Die Quantität seiner Arbeit macht die Qualität des Menschen aus. Umso mehr Arbeit, desto weniger Freizeit. Umso weniger Freizeit, desto weniger Probleme mit deren Gestaltung.

Pah, wenn ich genügend Geld hätte, behauptet die Mutter, ich wüßte schon etwas anzufangen mit meiner Freizeit. Aber wenn ich nicht arbeitete, hättest du nicht einmal etwas zu essen. Ihre spärliche Freizeit nützt die Mutter zur Hausarbeit. In meinem Haus herrscht eine Ordnung, posaunt sie. Mir soll niemand etwas nachsagen können. Wenn die Mutter in ihrer Freizeit mit der Hausarbeit, zu der sie auch die Gartenarbeit zählt, fertig ist, redet sie über ihre Arbeit im Geschäft. Wenn ich ihr dabei nicht zuhören will, schimpft sie, daß man mit mir überhaupt nicht vernünftig reden kann. An Sonntagnachmittagen bügelt sie Hemden und Unterhosen, es sei denn, die Romy Schneider oder der Hans Moser sind im Fernsehen. Die meisten Filme hat sie aber schon gesehen.

Die Mutter kann sich überhaupt nicht vorstellen, was ich den ganzen langen Tag über mache. Die Unwissenheit und der Informationsmangel verunsichern sie. Wenn man bedenkt, daß ihr eigener Tag von früh bis spät mit sinnvollen Beschäftigungen vollgestopft ist, sagt sie, und alles nach der Atempause kann man sich denken. Ich bin für meine Mutter ein unbeschriebenes Blatt. Sie weiß mehr über Lady Diana als über ihren Sohn. Gott sei Dank gibt es die Illustrierte.

Aus jedem ihrer Worte dringt der Unmut darüber, daß ich keiner geregelten Arbeit nachgehe. Dabei würde doch meine Arbeit ihr Leben süß machen. Mit mir kann man sich bei anständigen Leuten überhaupt nicht blicken lassen. Die anständigen Leute arbeiten. Die anständigen Leute machen etwas aus sich. Die anständigen Leute kommen im Leben weiter. Die anständigen Leute sind, wohlwissend, daß von nichts nichts kommt, als fanatische Groschenverehrer schon längst den Schilling wert geworden, und wenn die anständigen Leute einst im Rentenalter im gepolsterten Lehnstuhl schaukeln, können sie befriedigt sagen: „Wir haben es im Leben zu etwas gebracht."

Fragt man die Mutter, wer sei ist, hält sie einem nicht ohne Stolz die Visitenkarte unter die Nase, die ihr der Vater letzte Weihnachten geschenkt hat, wo ihr Name, ihre Adresse und ihre Telefonnummer vermerkt sind. Sie sagt es nicht ausdrücklich, aber ich bin mir ganz sicher, daß sich die Mutter zu den anständigen Leuten zählt.

RUPPERT HENNING

Landflucht

Und obwohl ich nicht weiß, wann und in welcher Weise sich der Abschied meiner Kinderjahre vollzogen hat, still und ohne ein Merkmal, welches durch die Jahre stehend mahnt, obwohl ich nicht mehr die Tage jener Zeit der Weidenhalme, auf denen man ein Fernlied blies, nahe dem baumüberschatteten Teichufer sitzend, die Tage jener Flieder-und-Maulbeer unterscheiden kann, umgibt mich beim Zurückblicken ein Gefühl einer immer fortwährenden Zugehörigkeit, zu den Berghängen, der sich hinanwindenden Straße, deren Staubfahne gegen den Herbsthimmel hing, ein Finger, der auf all das Gesehene, Erlebte hinweist, wie ich stundenlang in einem der Roggenfelder lag, die Arme ausbreitend, und die Ähren waren mein Leben, wie sie im Wind hin und her schlugen und doch nicht brachen.

Und ich, der ich Kind war, ohne Bedingung, ohne die lähmende Vorgabe einer gebundenen Beziehung zu Vaterhaus und Gesellschaft, ich wuchs, übte meine gedeihende Kraft an den alten Buchen, die gegen den Lauf der Jahreszeiten drüben bei der Weggabelung standen, lief und verspielte täglich von neuem mein Herz, zwischen dem reifenden Korn und den Strohballen in der alten Scheune, deren luftiges, lichtes Dach meine Wohnung war an heißen Sommertagen und wo ich zum ersten Mal alleine die Verse auf dem Lesebuch sprach, voller Staunen, wie leise und sanft meine vom Schreien gegen die Windstürme rauhe Kinderstimme sein konnte. Dann saß ich am Ende der Dorfstraße und verfolgte mit der Hand die Spuren, die die Wagen in den lehmigen Boden gegraben hatten, die im Sommer der heiße Wind verblies und die im Winter zu hart-erdenen Rillen froren, die waren dann mein Flußnetz und mein Abenteuer. Mein Vater, der einer der Menschen war, die jenes Bewußtsein in mich gruben, jene innig vertiefte Liebe zu diesem immer neue Gegensätze und Schönheiten bergenden Teil der

Erde, der stand an den lauen Abenden unten am Wehr oder saß vor dem Haus und las aus Büchern, deren Worte ich nicht gleich verstand, die mir aber ein Gefühl der Ehrfurcht einflößten.

An einem der vielen Geburtstage bekam ich ein solches Buch, voll von Bildern und seltsamen Gestalten, die ich in kindlicher Bewegung betrachete, und darauf wanderte ich umher, in den Auwäldern am Fluß und besiegte die Armee der tausend Heerscharen und fuhr auf einem selbstgebauten Floß, immer nach Westen. Irgendwo blieb ich dann und war in diesen Bildern, und die Sonnne einer fernen Gegend brannte die Stufen der alten Steintreppe.

Und sie alle waren Augenzeugen meiner Taten, und sie alle wußten um meine Kindheit, die Eltern, die mich tun ließen, was die Tage brachten, die Großeltern und die anderen im Dorf, und so ist es noch heute, ich war einer von ihnen, wie die sanftwelligen Hügel oberhalb der Siedlung und die blaßdunkelfarbigen Wasserrosen auf dem sonnendurchfurchten Wasser des Teichs.

Ich ging durch die Jahre, mußte von Dingen hören im kalkweiß geschlossenen Raum der Dorfschule, die ich nicht hören wollte, und in den hellen Nächten, in welche die Blitze schlugen, wachte ich plötzlich auf aus dem umgebenden Schlaf, die Augen abermals aufschlagend, schwerer jedoch als früher, und ein toter, glanzlichtspeiender Mond war im Scheitelpunkt des Sturmgeflechts, ein greller Schein, mehrmals fiel ich wieder einen Fall des Wassers, war um mich, und ich sah einen Dornbusch, Schlehdorn, das war ich, wie ich, eine Träne vergießend, mit einem Mal die Bestimmung erfuhr, die ich, wieder mich, ausführen mochte, ein Kind noch und doch alt genug zu gehen.

Im gleichen Licht, mit seinem anmutig rührenden Schein, mit dem ich abgefahren war, erschien jetzt auch die Stadt, steinern und von den Dächern rot und schwarz durchzogen, sich weit erstreckend gegen das Meer hin, dessen nächtlich schwarz tragende Fläche zusammen mit dem abfallenden Ufer die Grenze bildete, zwischen dem eingenommenen und dem noch unbesetzten Gebiet.

Dann waren sie da, die braunweiß gekleideten Mädchen, die in Gruppen zusammenstanden und auf irgendetwas zu warten schienen, die umhereilenden Bediensteten und die anderen Menschen rundum, die Wartenden und die Gehenden, welche man nicht voneinander unterscheiden konnte. Unter dem bedrückenden, schiebenden Eindruck der abendlichen Bahnhofshalle stand ich oder saß, den vielfältig sich wendenen Anblick der heimatlichen Höfe und Hinterhöfe vor Augen, deren Vorsprünge, Gänge, Treppen und Hindernisse meine Gestirne waren, mein Horizont, deren Ende ich jedoch nicht abschreiten sollte, nie mehr, ich, ein Lächeln meines Großvaters auf den Lippen, das er gelächelt hatte, ein unfaßbares, dem ich gegenüberstand, ohne einen Spiegel, der mich schauen ließ. Nicht war es das unbeschwerende Lachen in den kalten Monaten zur Zeit der Wetterwende am schweren, harzigen Küchentisch.

Ich blieb dort, wo ich war, die ganze Nacht, bis zu dem Augenblick, da sie selbst umschlug, mit der Traumgeschwindigkeit des unerbittlichen und immer neu aufkommenden Vorgang des Tagwerdens, ohne Vorzeichen und mit einer Empfindung, deren Licht sich zwischen der Schönheit und der Traurigkeit immer und immer wieder bricht, als einzig klar erkennbares Zeichen, wie eine Wunde klaffend, auf die man mit der Liebe des Schmerzes die Hände legt.

Und jene Wunde, die mir damals ins Mark geschlagen wurde, trug ich in mir, ließ nicht von ihr ab, gleich wie sehr ich ihr Sein in mein Fleisch grub und gleich, wie oft ich mich ob ihrer Offenheit beinahe zu verändern drohte. Ich lebte und ich tat, und es war wie eine Untersuchung auf Tauglichkeit der eigenen, magisch ansprechenden Künste, deren Abgrund vermeidend, auf jenem besagten Rand umherbalancierend, ich selbst noch immer gleich wie früher meine Stimme gegen die grauen, hereinbrechenden Winde warf, um gleich darauf niederzustürzen, ein einzelner schwarzer Stein am endlos weißen Atlantikstrand.

Ein Laubengang, ein altes Gründerhaus, dessen Fassade abbröckelt. Ist es hier nur der unachtsam verworfene Ruf der Gewaltigkeit dieser Gebäude, deren Stein entgegen allen Gleichnissen ewig zu sein scheint, ist es ihr Ruf, der ihnen vorauseilt, in die entlegensten Herzen? Wie oft schaute ich tief betroffen von einkehrender, erhabener Bewunderung auf zu ihnen. Wie oft versuchte ich gleichzusetzen, mit den eingeschlossenen, landumgebenden Gehöften und wie oft brach ich ab und wandte getroffen mein Gesicht.

Ein Schattensprung war getan, ein Schritt über das Riff, dasselbe Riff, das mein Gitter gewesen war, in jenen Tagen der Abenteuer, durch welches ich geblickt hatte, mit einem frierenden Schaudern, ich hatte die Riemen, die mich haltsam banden, enger gezogen, fester, damals, in aufwirbelnder Kindangst, und hatte mein Floß in ein anderes Gewässer gelenkt. Nun, da die Zwischenräume, Tag und Nacht trennend, fortgeschwemmt und meine Gedanken aus fernen Ländern und von fremden Völkern herbeigeschafft zu sein schienen, zusammengesetzt von einer, dieser Wasserstadt, deren Zugbrücken das Meer war, nun war ich gefangen, in eben diesem Verlies, und wie Spinnweb zerging meine Erinnerung, meine steingutgefertigte. Nichts war mehr in mir, um all dies aufzuhalten, außer jener Wunde, in die ich, einzig und allein wider allem mir Begegnenden, das Salz dieser Stadt, dieser Wasser, dieses Meeres streute, rieb, und die grellhelle Dunkelheit des Schmerzes brachte mich zurück zum ehernen Windstrich, zu den wechselnd kalt-warmen Strömen, dorthin.

Dann, da mein Fieber alles einbrechen, einstürzen ließ, die Bauwerke, die Kirchen, die tauben Häuserwände, stieg ich über die schweigenden Trümmer und lächelte, das einemal erkennend und durchschauend, mein freies, weisendes Lächeln, im selben Augenblick flog ein Vogel im niederen Flug über mich hinweg, pfeilend nach Westen.

Dies dauerte jedoch nie länger an, und meine Fassungslosigkeit, mein erschreckender Widerspruch in allen Gefühlen, die Hilflosigkeit, die Unfähigkeit, darin zu verbleiben, war groß, größer als ich selbst, so daß die Wogen mit jedem Mal nur höher und donnernder über mir zusammenschlugen.

Ich aber, voller Bruchstellen, mein Steuer nur mehr kraftlos in eigenen Händen haltend, wurde morgens an Land gespült, zu früher Stunde, wie ein Häftling, dem eine sinnlose Flucht mißlungen war, unter einem eisgrauen Himmel ohne Sonne und Mond.

Einige derer, der hier geborenen Männer, der hier erwartenden und gebärenden Frauen, denen die Leiber unbewußt Gefängnis und der Geist Wärter war, jene, die da standen, aufrecht, mit den Fahnen im Wind und in den Fäusten hell loderne Kerzenflammen, die Gesichter in die vereinsamten Bögen der Friedhöfe und Kreuzwege gekehrt, einige von denen, die ich, sei es aus Neugierde, sei es aus Langeweile oder Ungeduld an mich herankommen ließ, waren mir Freund oder Geliebte, jedoch nur für die Dauer einer nachgebenden Beipflichtung.

Und all die andren Begebenheiten, die höflichen, die törichten, die unbedingenden und die, welche ich schon in ihrer Gegenwart vergaß und verkommen ließ, im Beisein ihrer Schöpfer und Gestalten, als gäb es sie nicht, als wären sie und ich ohne Geburt, ohne Tod, ohne Auferstehung. Sie, die mir widerfuhren, waren sie offenbar und wirklich entkommen und entstanden aus dem bespienen Nichts, über das sie alle lachten und das doch so sehr über sie verfügte?

O du Wasserstadt mit deinem stechenden Todesgeruch, mit deinem brackigen Gewässer, wohin du die Sterbenden und die Lebenden in gleicher Weise unerbittlich spülst, die nassen, algenbehangenen Arme ausstreckst und sie dir nimmst.

Soviel zerberstender Bau, soviel Geschundenes, das du beherbergst und an dich ziehst, von weither.

Wenn einer fällt, hart aufschlagend, sein Gesicht vergräbt in deine abgetretenen, verwitterten Pflastersteine und sich der Blicke der Vorbeigehenden bewußt, alles und jedes, seine Züge und seine Herkunft betreffend, abwirft, nicht aber verleugnet, wie willst du ihn dann schänden, womit ihn treffen, wodurch ihn halten, ihn, der seine Sehne preisgibt und dich im Innersten, beim schwarzen Boden deines Ichs, beim schmutzigen Schwemmgut deines Bestehens anfaßt und nicht mehr losläßt?

Nur, wenn ich jede einzelne derjenigen Bedingungen, die

mich gehalten hatten, deren genageltes Gewand ich mit den Spitzen nach innen auf meiner Haut trug, abstreifte, war es noch einmal da, das Leben, das ich, immer noch glaubend, empfing.

So öffnete ich die Fenster und entließ es, das Empfangene und die Winde, in die ich immer gerufen hatte, trugen es zurück, zu Schlehdorn und Flieder.

DIETMAR KIRCHER

Tägliches, Alltägliches

Junger Mann, was ist Ihnen wichtig? Was ist Ihnen wichtig?" wiederholte er und setzte nach, aufklärerisch und offensichtlich in der Absicht, uns beide mit seiner Fairness bekannt zu machen: „Wenn Sie Ihr Leben gestalten wollen", dann, als überlegte er, was er dem Gesagten der Vollständigkeit und Klarheit halber hinzufügen müßte, „wenn Sie Ihr Leben gestalten wollen, dann müssen Sie wissen, was Ihnen wichtig ist", beharrte er. „Noch einmal: Was ist im Leben wichtig?"

Das war also die Frage. Immer geradeheraus, gezielt aus seinem unbeirrbaren Selbstbewußtsein geschossen und gerade noch bestimmt genug auf den Tisch geknallt. Für Tom, der sich häufig in Einzelheiten verkroch, war das gar nicht leicht zu beantworten. Er überprüfte mit einem flüchtigen Blick, ob ich das wußte, und ich wußte es. Es war schwierig. Wären wir mit dieser unangenehmen Frage unter uns gewesen, er hätte seine Unsicherheit und Verwirrtheit mit einigen Sätzen abgeschüttelt. „Alles", hätte er wahrscheinlich gesagt, „alles ist wichtig, weil, ganz objektiv, nichts unwichtig ist — subjektiv gesehen." Vielleicht wären wir auch noch daran gegangen, die Liste der erstbesten Nebensächlichkeiten gemeinsam zu vervollständigen, um später, wenn auch das langweilig geworden wäre, einfach aufzugeben: Der Lippenstift ist wichtig, der Schlaf, die Bienen, die Zigaretten sind wichtig, die Gesundheit, die Krankheit genauso. Ein Auto kann wichtig sein, eine Frau haben kann wichtig sein, keine Frau haben kann auch wichtig sein. Gepflegte Schuhe, richtiges Zähneputzen, gescheitelte Haare — alles das war wichtig und noch mehr. Was einem einfiel, was irgendeinem einfiel! Aber so billig ging es hier nicht. Prioritäten waren erwünscht, Antworten aus der Adlerperspektive. Vorläufig nicht ausdrücklich verlangt, aber immerhin zwanglos lächelnd unverbindlich gefordert. Ich fing fast an, selber nachzudenken. „Alles wie sonst! — Ich denke nach, ohne der Gefragte zu sein, und wenn mir etwas einfiele, behielte ich's für mich", dachte ich. Währenddessen konnte Tom, der Spinner, den Faden an seinem zweiten Anfang nicht abtrennen. Eine Zeitlang blieb er gekettet an das behutsam gesponnene Netz sorgfältig erdachter Überlegungen, gebunden an die alten und nicht mehr ganz alten Gedanken zwischen Kleinigkeiten und Kleinlichstkeiten, eine Zeitlang sagte er nichts.

„Was also", fragte er plötzlich, während er sich wie nachdenklich seine Zigarette anzündete, „was also ist die wichtigste, wuchtigste Wichtigkeit?" Tom erwartete keine Antwort. Er wartete mein Lächeln ab, dann schaute er aus dem Fenster. Es war ein großes, himmelgraues Glas, durch das man den halben Berg sehen konnte, vom Fuße bis handbreit unter die Bergspitzen, und wäre da nicht ein unüberlegt geplantes, trotzdem gebautes weites Vordach gewesen, das schon den wirklichen, den echten Gipfelsieg verhinderte, man hätte die Augen ins Blaue heben können. Dieses dumme Dach, ein architektonisches Miststück des ortsansässigen Baumeisters, dieses dumme Dach störte. Mir fiel ein, wie Tom einmal gesagt hatte: „Es ist ein Dach vor einem Schaufenster und ein Schaufenster, wo nur die ‚Draußen' nach den ‚Drinnen' schielen, obwohl die ‚Drinnen' auf die ‚Draußen' neugieriger sind." Wahrscheinlich war es nicht so. Wahrscheinlich war es anders auch nicht.

Der Mann, den die Nachbarn auch „Nazl" nannten, der Mann mit dem schmalen, verkniffenen Gesicht, das immer einfache Fragen stellte, die keiner beantworten konnte, Franz, wurde unruhig. So lange hatte er noch nie gewartet, und die Geduld eines jeden hatte schließlich Grenzen. Er brannte darauf, die Frage selbst zu beantworten, und zwar so eindeutig und unnachgiebig standfest, daß es jedem weichen Bruder die Knie steifen würde, da fiel ihm Max in seine Vorbereitungen: „Das würde mich auch interessieren, Tom, was dir wichtig ist." Max, ein streitsüchtiger alter Kracher, wie er von sich selbst sagte, der sich nie darüber belehren ließ, daß die Welt nicht durch Diskussionen und nicht durch informative Abende verändert wurde, Max saß in seinem leidenschaftlichen alten Blut und glaubte, daß die Jungen es besser machen würden als er. Mit weniger Dampf, weniger frech, mutloser, unentschlossener, aber: vorsichtig. Trotzdem mußte man entscheiden. Niemand durfte sicher sein, daß er das Richtige tun konnte, aber die Schlauen mußten wissen, daß sie das Richtige tun mußten. In einer Zeit, da die Menschen trotz beständiger Schreckensbilder ihre schläfrige Ruhe bewahrten, durfte man nicht abwarten. Man mußte den Finger auf das Unweltproblem legen, auf das Kapital, auf die Rüstung, auf die Sprache, auf die Genetik, man mußte mit dem nackten Finger auf die Armen zeigen, auf Arbeitslose, Psychiatrierte, Eingefangene, Haftentlassene, normal Inhaftierte, auf die Frauen, auf die Alten, auf die Jungen ... Man mußte hören auf alles, was schreit. Das war nicht einfach. Man gewöhnte sich schnell an den Lärm, aber wenn man einigermaßen gute Ohren behielt, waren es doch wieder die Hilferufe von zu vielen. Max schaute voller Hoffnung auf Tom, um davon zu hören.

Nirgendwo vor dem Fenster verführten Gedankenblitze. Tom, der ohne alles leben konnte und dem doch vieles wichtig war, wußte Antworten, aber keine Antwort. Für die mußte man sich Mühe geben, sich selbst — nicht um die anderen zufriedenzustellen. Jetzt erst bemerkte er das Knistern um die Mundwinkel des Weintrinkers. „Wissen Sie denn, was wichtig ist?" wich er aus und löste damit die Spannung von Franz und schob sie ungewollt weiter auf Max. Der aber unterbrach seinen Schulfeind, den alten Hitlerjungen, auch nicht. „Das hab' ich mir gedacht, daß Sie das nicht wissen", triumphierte Franz, der sich seiner politischen Anschauungen ebensowenig schämen mußte wie seiner übrigen. Er schluckte von seinem sofort bezahlten Wein, bevor er Tom — und wohl auch mir — seine Überzeugungen kundtat. „Wissen Sie, im Leben kommt es nur auf ein paar Dinge an: auf die Familie, auf unsere deutsche Kultur, auf die gemeinsame Geschichte mit unserem deutschen Vaterland, auf eine anständige Arbeit und eine saubere Politik. Dann müssen wir nur noch die Gesetze achten, fleißig sein und anständig. Aber ich will Ihnen noch etwas sagen", und mit erhobenem Zeigefinger mahnte er die ganze Gesellschaft, „solange die verantwortlichen Herren, die von der arbeitenden Bevölkerung gewählt sind, subversive Elemente wie euch dulden, wird die ganze Scheiße Scheiße bleiben. So!" Damit verabschiedete er sich grußlos. Er stand auf, stolperte fünf Schritte weiter und fiel schwer, als wäre er selbst unter seinen Vorwürfen zusammengebrochen, in den einzigen freien Sessel am Nebentisch.

Die eine Frau kannte er. Monika war seine Nachbarin gewesen, bevor sie einen strebsamen Architekten heiratete, der in der Nachbargemeinde gebaut hatte. „Servus Franz", begrüßte ihn die freundliche Sekretärin. Gleichzeitig wies sie mit ausgestrecktem Arm auf ein sehr lebendiges Mädchen, welches sie, die linke Hand vorsorglich auf die unruhige kleine Schulter gelegt, der Ordnung halber als ihre dreijährige Tochter Silvia vorstellte. „Und das ist meine Freundin Beate und das auf dem Boden da der Elias, ihr Sohn." „Freut mich", sagte Franz. Er versuchte ein Lächeln und reichte seiner neuen Bekanntschaft höflich die Hand. Natürlich „freute es" beide.

Tom schnaufte verdrossen die angestaute Luft aus und meinte müde: „Da möchte man wieder glauben an ein Schweigen, das jedes Wort schamrot werden läßt. Aber das hilft auch nichts! Das ändert auch nichts", dachte er laut und fragte noch leiser: „Was kann man da noch reden, bei solchen Auffassungen, was kann man da noch?"

„Reden strapaziert die Stimmbänder und wirkt keine Wunder." Max gab ihm recht. Dennoch wußten beide, daß man Berührungen suchen mußte. Bei jedermann. Auch wenn es nicht leicht fiel, über politische Ansichten hinwegzusehen. Bei Franz etwa wäre eine derartige Auseinandersetzung vergeudete Zeit. Aber wenn man nach Gefühlen suchte, wenn man wirklich, ehrlich finden wollte, wurde man fündig. Auch in den herzlosesten Seelen. So wußte Max zu erzählen, wie anders der Franz unter seinem harten, zersprugenen Gesicht sein konnte. In einer durchzechten Nacht, ein paar Wochen nach dem Begräbnis der überraschend aus dem Leben geschiedenen Anna Pilch, „das war die Frau vom Franz", hätte ihm dieser eine

Abscheulichkeit gestanden. Max erinnerte sich und fuhr nachdenklich fort: „Er erzählte mir, er hätte einmal eine Ratte gesehen und, weil die Ratte eine Ratte war, mit einem Schuh nach ihr geworfen und getroffen. Das Tier hatte sich unter ein Bett auf dem Dachboden geflüchtet, wo der Franz ein Fell voll Verzweiflung vorfand. Auf der Nase der Ratte zerplatzten Blutbläschen, und der Franz hatte später nie mehr solche Augen gesehen ‚wie von dem Ratz'. Die Angst der ganzen Welt schien ihm in diesen Augen und gleichzeitig eine Furchtlosigkeit, wie man sie nur haben konnte, wenn man um das bevorstehende eigene Ende ganz sicher wußte. Ekel hat der Franz empfunden, Ekel vor sich selbst. Und geschämt hat er sich. Geschämt." Franz hatte seine Geschichte, wie sie Max gerade erzählte, nicht belauscht. Das war gut so. Besser.

Max war beruhigt. Dafür sah Tom betroffen aus. Verlegen zog er seinen Kaffeelöffel durch das Teewasser, die Augen wanderten von den Zitronenkernen über das Teesäckchen bis zum dritten Stück Zucker und wieder zurück. Er konnte seine unerwünschte Rührung nicht abwehren, obwohl ihm unklar blieb, ob man wegen solcher Geschichten jede Gemeinheit übergehen durfte oder übersehen sollte. Einerseits waren Grautöne wichtig in der Schwarzweiß-Photographie. Die Grautöne, ungezählte Gesichter in jedem noch so markanten Gesicht, die Grautöne gab es. Andererseits hatte man genug von den Menschen, die mit ihren Taten, Gesten und Wortmeldungen in die voreiligsten Klischees paßten. Aber wenn auch viele in ihrer Oberflächlichkeit, in ihrer Seichtheit, in ihrer äußeren Grobnervigkeit unüberbietbar waren — eine seelische Untiefe gab es nicht. Jedenfalls nicht in allem, nicht überall, nicht durch und durch. Man mußte einrechnen, was man nicht sehen konnte, das Ganze, und das war mehr als die durchforschten Teile, mehr als das Gezählte, viel mehr.

Schweigen zu dritt. Die Platte in der Musicbox war nicht hängengeblieben. War es nun an mir, unser Gespräch fortzuschleppen von der Ganzheit des Menschenbildes über Wertwandel, Erziehungsfrage bis zurück zu Franz, oder war es jetzt am wenigsten naheliegend, darüber zu schwätzen? Jedenfalls verspürte ich keinen überflüssigen Eifer, kritische Überlegungen zu verbrechen oder besonders unbelastende Fragen zu erfinden. Eine kleine Sprechpause tat unserem Denken vielleicht besser.

Der Wirt, der unserer Unterhaltung ohne besondere Neugier gefolgt war, schaute fürsorglich, aber in respektvollen Abständen nach unseren leeren Gläsern. Nachsichtig überließ er das Trio seiner Wunschlosigkeit. Er blieb immer gelassen, ihn erschütterte gar nichts. Das war seine Schwäche.

„Zahlen!" wollte Max. Aufgescheucht von ergebnislosen Unruhen in seinem Schweigen, beglich er seine Rechnung und berief sich, was seinen Heimgang betraf, unnötigerweise auf die Zeit. Sonst blieb er länger. „Es ist spät", sagte er unsicher und machte keine Anstalten, sich näher zu erklären. „Also! Auf ein andermal!" Auf seinen Gehstock gestützt, bemühte er sich zur Garderobe und ließ uns allein. Niemand half ihm in den Mantel; jeder wußte, daß er übertriebene Höflichkeiten nicht schätzte. Nach Atem ringend beendete er seine Verkleidung, setzte seinen Anstrengungen den Hut auf, grüßte mit dem Stock und zog die Tür des Gastzimmers hinter sich zu.

„Und wir", fragte ich auffordernd, „gehen wir?" „Weißt du, wir sollten schon noch darüber sprechen", meinte Tom, „noch sind mir die Wurzeln zu tief, noch bin ich im Nebel, aber später . . ." Trotzdem begann er von Forschungsergebnissen zu berichten, von Untersuchungen, die hinlänglich belegten, daß die Unmenschen keine Unmenschen waren. Mich erschreckte seine Einsicht. Erkenntnisse wie diese konnten doch Lossprechungen, zu denen man mancherorts einlud (und immer häufiger einlud), nicht rechtfertigen. Unvorsichtig wies ich darauf hin, daß Verständnis noch lange nicht Einverständnis bedeutete, aber schon meine eigene Nachsicht ließ sich kaum davon beirren.

Wir saßen da, saßen, rauchten und warteten. Erst nach einer Weile trafen sich unsere Augen, und wir vereinbarten, nickend beide, daß es Zeit war, und gut, zu gehen. Wir standen auf; Tom bezahlte, während ich Zigaretten, Streichhölzer und Schal einsammelte und eine Fünfschillingmünze auf dem Tisch liegen ließ. „Nichts für Ungut, Burschen“, überraschte uns Franz mit fast leiser Stimme. „Ich vertrag’ das halt nicht, wenn einer keine Ahnung hat, worum es geht“, erklärte er ruhig und auffallend friedfertig. Seine Augen waren trübe dabei und leer, als hätte er zu wenig geschlafen. Mir war, als wollte er weitersprechen, aber so zurückhaltend, beinahe entschuldigend mochte er sich wohl selber nicht gerne reden hören. Franz überlegte noch. Er drehte sein Weinglas nach links und wieder nach rechts, dann sagte er: „Nein, nein, laßt euch nicht aufhalten. Mir ist es lieber, wenn ihr geht!“

WOLFGANG KOCH

Das versunkene Fest

Früher, als der Aktionsmaler mit feuchter Kehle daran ging, das schönste Fest der Menschheit zu entwerfen, war er regelmäßig über die Ringstraße hinein in die Herrengasse, am Melker Stiftskeller vorbei, über die Freyung zum Graben geschritten. Sein Begleiter erinnert sich an das Jagdgeschäft Ecke Dorotheergasse und den Weg weiter bis zur nächsten Abzweigung. Schon in den achtziger und fröhlichen neunziger Jahren des neunzehnten Jahrhunderts — in dieser Stadt waren sie ganz besonders fröhlich — flanierten die galanten Herren auf der rechten Straßenseite im Schatten. Die andere Seite ist genauso gut, aber man meidet sie eben — es sei denn, daß man nicht gesehen werden will. Der Bummler paßt immer ganz genau auf, wer wen grüßt, und gibt sich große Mühe, bestimmte Leute nicht zu grüßen. Das alles ist Arbeit und macht natürlich hungrig, was den Wegverlauf vorzeichnet: die Spiegelgasse weit hinauf, das Dorotheum, die Albertina, das Filmmuseum, der Augustinerkeller, ein Burenwürstlstand — eine Heiße oder eine Waldviertler? Noch hielten ihn seine Künstlerfreude für einen der ihren, der sein Oevre dem Publikum verweigern würde, noch fürchteten seine Feinde lediglich sexualanarchistische Doktorspiele. Dann wurde eine Entscheidung fällig: die Operngasse über den Ring hinaus oder in die andere Richtung beim Stephansplatz in die Schulerstraße oder gleich weiter in die Bäckerstraße. Das Alt-Wien war damals und ist heute wieder gemütliche Bleibe bis in die Nacht bei Gspritzten, Krapfen, Tee, Schnäpsen und Mineralwasser. Am Nachhauseweg dann vielleicht noch eine Burenwurst bei der Urania, über die Nordbrücke zur Brünner Geraden durch Jedersdorf, am Rande des Marchfeldes bis Wolkersdorf — Gaweinstal — hier die letzte Möglichkeit, im Espresso der Tankstelle ein Punschkrapferl zu naschen. Tankstille vor dem kalten Dunkel der glatten Straße, unterbrochen nur vom Flimmern der Peitschenlampen dutzender Geisterdörfer, nach Hause — nach Prinzendorf ins Schloß, ins metallgerahmte Bettuch vor der Morgenhelle.

In umgekehrter Richtung brechen zur Mitte der Nacht zwei seiner Musiker vom Schloß nach Gaweinstal auf, zwei motorisierte Fremde, frierend im klaren Fahrtwind einer Julisommernacht — entschlossen, sich dort niederzulassen, wo man noch singt. Ein großer Fremder braucht einen größeren: Der Lenker stammt von den Rändern ringsum von Bergen eingeschlossener, blaugrüner Seen, der andere aus den Schatten der Raffinerieschlote an Rhein und Ruhr, Orte, welche ihnen in die Kindheiten geschienen haben mögen, Orte doch, für die sie das Wort Heimat nicht mehr über die Lippen brächten. Diese Motorradgefährten waren ins Leben getreten wie in eine zu späte Epoche, hatten sich bald lederglänzende, steife Jacken umgelegt und die Kragen über die Ohren geschlagen, um der zugigen Geschwindigkeit zu trotzen. Das Festzelt bei der Hauptschule drückt den Dunst krampensauren Weins und der Biere auf die Wiese. Eine billige Travestie-Show erhitzt die Gemüter der Ländler, wofür sie ihre Benzinkarossen von weither ankutschiert haben. Vom menschenleeren Parkplatz her bietet sich der drollig-derbe Auftritt polierter Körper, welche sich zum Gaudium der mehrfachen Familienväter zu guter Letzt doch nicht in die geschlechtlichen Abteile passen lassen, als Schattenspiel dar: haushohe erotische Riesen fassen sich im Rotlicht der Zeltwand zwischen die Beine. Stampfende Kerle, künstliche Wimpern, scheppernde Krüge — das Johlen hunderter Kehlen schwillt an zum höchsten Punkt — zu zitternder Unruhe — zu *nervöser Stille* — zu restloser Gegenwart — bis ein Tusch des Orchesters die Menge erlöst und noch einer und noch einer. Befreites Lachen schallt der fetten Ballerina oder dem Ballerino, was weiß man, bis in die improvisierte Garderobe nach, ebenso wie die Flüche und flehentlichen Bitten der Haltlosen nach der vierten Draufgabe. Scharlatane und Gauner kleineren Formates umlagern mit ihren Buden den Haupteingang und offerieren Pantsch und Schund. Ein sonnenverbrannter Casanova hypnotisiert die Sommerfestgäste mit einer Mischung aus kühlen und weibischen Bewegungen der Hüfte, damit sie versuchen, drei Ringe auf pseudohellenische Büsten aus Kunststoff oder auf das elfenbeinimitierte Burgfräulein zu werfen. Vielleicht vermag eines dieser Surrogate okzidentaler Kultur am Morgen gegen seine längst verstaubte Trophäe abgetöteten Fernwehs, die Silbergondel mit dem defekten Glühlämplein, auf dem Farbportable auszutauschen. Es locken der energische Herzschlagsound des Autodroms, das vom Surren und Hupen zerfetzte Lachen, die traumverlorenen Blicke der Umstehenden, die fröhlichen Funken, die bei jedem Crash aus den Metallen hinausfahren und von jungen Augenpaaren verschlungen werden wie Himmelserscheinungen. Zwei Schießstände, ein Glückshafen, Vitrinen mit Zuckerwatte und Popcornes. Nahe dem Toilettenwagen, an dessen Stufen die Beschwipsten solange scheitern, bis sie es aufgeben und dunkle Winkel suchen, arbeitet ein Araber, der es vom Kolporteur zur Campinglampe gebracht hat, in deren Schein massengefertigte Herzchen, Ketten, einfarbige Armreifen, Rasierklingen als Ohrgehänge und unter dem Tapeziertisch Schlagringe zum Verkauf feilgeboten liegen. Die Gäste aus Prinzendorf erwerben eine Fliege, welche aus Plastik ist und mit Mühe am Revers des Jüngeren Platz findet. Das Innere des Walfisches schimmert obszön. Ölig grüne Rüschen, verlängert von daumendick geflochtenen, weinroten Fransen, hängen vom Dach des Zeltes, nassen Zotten einer Fleischhöhle gleich. Zwei Luster in Form jeweils neun schräg abgewinkelter Neonröhren tauchen den schunkelnden Saal in diffuses Nebellicht. Im Norden der Halle walzen zwischen kantigen Türmen sieben Musikanten, *D' Hahn-Buam* aus dem Oberösterreichischen. Eine Trachtenkapelle, deren urwüchsige Momente von einer gewaltigen Zentrifugalkraft schon zerrissener wund liegen als die ähnlicher Vergnügen in den Bergtälern. Bürgermeister Schüller wird in seiner Frühschoppenansprache am nächsten Tag vor allem die Tradition der Gaweinstaler Sommerfeste betonen. Der neue Besitzer des Schmuckstückes wird Wochen später noch einmal in diesem Ort einkehren. Der Stammtisch mag überall der einzige Platz sein, wo man noch in Ruhe vertrotteln darf; aber wieder wird der Fremde an den berauschten Eingeborenen jene Ausgelassenheit zu bemerken glauben, welcher die Derbheit der Alpen fehlt. Unweit der Muttergottesbilder findet der Wanderer in dieser Gegend mit Gewißheit eine bequeme Bank. Im Laufe einer Stunde werden ihm und seiner Begleiterin die polternden Zurufe immer aufdringlicher werden, sodaß sie schließlich doch die Einladung annehmen werden, und bevor die Obstler recht geleert sein werden, stehen fünf Kräutergesöffe bereit. Zwei Männer im Alter des Fremden werden den fünfzigjährigen Spender begleiten. Wenn selbst ihn die Frivolitäten des Wortführers genieren, wird der Blonde mit Fuchsschwanz und Wagenschlüssel an seinem Hosenbund zu spielen beginnen. I trink hiaz kan Schnaps mehr, wird der Eingeladene ständig wiederholen und nur mit Not dem sekundierenden Wirt entkommen. Die Herrenrunde wird das Intermezzo mit den Sommerfrischlern beenden und — in den Sportwagen torkelnd — Richtung Stadt aufbrechen — aufm Gürtel, Weibaschaun, Spritztour. Wenn einmal die Weinreben in die gartenreiche Stadt hineinwuchsen, so wächst jetzt die Stadt ins Freie hinaus. Der Kapellmeister verdingt sich als elektroakustisch verstärkter, vielleicht am Umsatz beteiligter Saufanimator. Seinen knapp sitzenden Trachtenhut aus scharlachfarbenem Filz, abgestimmt auf das Wams, ziert eine am Ende geknickte Fasanenfeder. Vor dem Wams baumelt, deplaciert wie ein Kinderspielzeug, deplaciert wie Mikrophone, Verstärkertürme, die Reklametransparente des Gaweinstaler Fleischers, die glucksenden und blinkenden Flipperkästen und verwandte Gebetsmühlen links der Bühne, deplaciert schließlich wie der Stimmungsführer selbst, sein Tenorsaxophon. Zwischen den hingeschlampten Darbietungen — *Es zwickt mi und es zwackt mi* —, die dem Publikum nur mehr diese Ahnung vorstellen, nach der es verlangt, stößt er kernige Scherze in den Raum, genüßlich unter der Gürtellinie. Humor, welcher sich mit Vorliebe um lokale Rivalitäten rankt — Wissen Sie, was ein Wiener ist? Droht diese Versammlung buntester Persönlichkeiten wieder einmal ins Glas zu kippen — was mit gewisser Regelmäßigkeit geschieht —, skandiert der Unterhaltungsschef minutenlang seine Zauberformeln, bis wenigstens die vorderen Sitzreihen wieder aus dem Bierdunst in den sportlichen Ehrgeiz hochtauchten und brüllend in die Stakkatorufe einstimmen: Zikke Zacke Zicke Zacke *Heu Heu Heu,* Hipp Hipp *Hurra,* Hipp Hipp *Hurra,* Sieg *Heil!* Die letzten Worte reißen die Häupter der beiden Fremden ruckartig in Richtung Podest, reißen sie aus dem Dämmerzustand der alkoholschwangeren Wärme, daß sie erst ihres Lauschens gewahr werden, ihre Präsenz auf einer Schicksalsbühne des Hörspiels, wie Dichter im modernen Betonbau. Der nordrheinische Fremde war vor kurzem noch in einem Großkaufhaus gestanden, inmitten der Regalfluchten, umgeben von akustischen Heimorgeln, die er mit süßen Worten pries, wie beiläufig untermalen von Fingerbewegungen, deren gängige Melodeien die Ohren des Publikums schon gefesselt hatten, bevor dieses dem Luftschnappen des Spielers Aufmerksamkeit schenkte. So wurden den Familien auf ihren Ausflügen in den Konsumpalast Musikinstrumente aufgeschwatzt, zu deren Bedienung nicht mehr verlangt ist als bespielte Tonkonserven in den richtigen Schlitz einzuführen und den Startsensor zu streifen. Im Schloß hatte er eine Hammondorgel entdeckt, ein überholtes Werkel, dem es vor einem Dezennium gleich ergangen sein muß, hatte die Tastatur bis zum Abend gereinigt und seinen Bettnachbarn mit deutschen Schlagermelodien gerufen. Selbstvergessen sanken sie in *Weiße Rosen aus Athen, Hundert Mann und ein Befehl, Wenn es Nacht wird in Paris* und *Ein Schiff wird kommen.* Stets trug der rheinische Fremde seine Beatband wie ein Konfirmand im Kopf, wo die grellsten seiner Freunde und Traumbekanntschaften als Affenbande gluckste, trommelte, jaulte und kreischte — bis an die Grenze seiner inneren Erträglichkeit. Zwei Schlafwandler drängen sich nun an einen freien Hartholztisch nahe der Theke, bestellen Biere wie alle anderen auch, und lassen ihre Sinne diebisch reihum an die Gesellschaften schwärmen, einander ihre tatsächliche Präsenz von Zeit zu Zeit in Blickwechseln versichernd. Der eine sieht, wie ihnen ein schwankender Bursche vom Nebentisch her etwas zuruft. Hören kann man nichts. Als der Betrunkene versteht, daß sie nichts verstanden haben, entblößt er umständlich mit der rechten Hand die linke Schulter: mit tapsigen Strichen ist da Jonny Rotten, wohl nach der Vorlage eines Illustriertenfotos, aufgemalt. Klar doch, sie sind auch Punks, man versteht sich. Also für die exotische Lumpenaristokratie aus der Millionenstadt hält man sie hier. Jetzt erst entdecken die späten Besucher die weißen, schirmlosen Hauben, die die Gesellen am Nebentisch tragen. In kursiven Lettern krönt die Weisheit des einheimischen Fleischers zehn männliche Häupter: *Ich kaufe bei WILD!* Der dickleibige Leadguitarist darf endlich, nachdem ihn der Kapellmeister als waschechten Brasilianer vorgestellt hat, seinem Instrument rockige Riffs entlocken, die wenig zum verklingenden Humhummtata passen wollen. Sein Bauch schwappt über den Hosenbund, das lockige Haar weht im Gesang, eine Menschenschlange hopst durch die Tischreihen, der sich Hände für Schulter die Weinviertler anschließen, bis das Wogen der Menge die Zeltplane berührt. Heut, ja heut, samma jung, jung, jung! Einer, dessen schüchternes Gehabe und herbes Gesicht ihn als Dorfschullehrer ausweisen könnten — seine Stirn kränzt ein blaßrotes Band —, trägt einen mannshohen Laubbusch vor sich her. Als Weinviertler Komantsche zieht er von Tisch zu Tisch, plaudert mit Gastgebern, derweil seine Hände die grüne Flamme zum stillen Gebet emporstrecken. *Er ist wach, aber er nimmt es nicht wahr.* Der Komantsche ist in *diesen* Tempel eingetreten, um Gott zu trösten, denn er ist der Unströstliche. So eigen sich die Haselstaude im Gewühl auch ausnimmt, es ist nichts Künstliches daran, keine private Phantasie des Zeigens, was man für einer ist. Der flammende Busch ist die Erfüllung einer allgemeinen Sehnsucht. Einen Baum ausreißen, einen Baum aufstellen — solch heftige Mischung aus Realistik und Symbolik bringt unsere Sprache nur auf, wenn etwas sehr wichtig ist. *A Bam is ka Grasle.* Die Musikanten stimmen ein Potpourri an — Bossa Nova, Calypso, Cha-Cha-Cha. Von dort, wo das Metallgestände des Festzeltes in die Erde gerammt worden ist, kehrt die Dorfjugend mit einer Schubkarre zurück und fördert damit — vorzugsweise schwere — Alkoholleichen, die sich augenblicklich im fürchterlichen Rachen eines Höllenhundes wähnen, unter Gejohle durch die schmalen Gänge; das Gefährt zwingt die mütterlichen Kellnerinnen zur Seite zu springen, daß der Gerstensaft aus acht Maßkrügen schwappt. Sobald die Horde ein neues Opfer ausmacht, plumpst das verbrauchte wie ein Sack zu Boden und schleppt sich, wenn es noch kann, ins Freie, um sich auszuwürgen. Beim ersten Takt der Schiwago-Melodie, jenem Hohelied von der unvergänglichen Liebe zweier Menschen, legt der Komantsche sein Grünzeug ab, faßt eine Schöne am Handgelenk und zerrt die Verlegene auf den schmalen Biertisch. Ganz der Serenade hingegeben, fügt sie sich unter aller Augen seinen Schwüngen. *Melodie d'amour.* Die Jean spannt am Gesäß der Alltagsmadonna, daß die Unterwäsche bis in die letzten Reihen strahlt. Der Trompeter schmilzt dahin. Immer gewagtere Drehungen des Komantschen führen jeden Tanzschritt erst über den Abgrund, bevor er Tritt faßt. Die schunkelnden Umsitzenden stützen den Tisch so gut sie können, wenn er wie eine Schaukel zu kippen droht. Einmal und nocheinmal stürzt das Paar in die glänzenden Gesichter, um im selben Schwung die Arena wieder zu erklimmen und ihre Romantik umso heftiger zu zelebrieren. *Melodia d'amore.* Die Neonluster legen einen Leuchtkranz um die Beckenstöße der beiden, als wärme die Nacht nur sie. *Des Komantschen Träume schweben von Kopf zu Kopf, ohne sie mit fettem Arsch zu besetzen. Der Komantsche hat das Fliegen gelernt.* In der Mitte der Halle versuchen Männer auf den Tischen Kopf zu stehen, gestützt von ihren sich kugelnden Freunden. Zurück auf die Füße gestellt — *La Paloma* —, machen die erglühten Köpfe der Warnehmung beträchtliche Schwierigkeiten, oder ist es das Bier, daß den stämmigen Kerlen schwarz vor Augen wird. Schubkarre, Massentanz, Backhendelgeruch, fliegende Plastikmesser — jeder tut — *Guantanamera* —, was der Unverstand zu leisten vermag. Die Verkehrtheit tobt. *Mein Schimmel wartet im Himmel.* Nachdem der Kapellmeister im Uringestank der Toiletten zwei Valium 5 geschluckt hat, heulen alle Kettenhunde der Umgebung, und ein Dutzend Kater miauen im Pfarrhof. *Die Feier von nichts!* Zwei Rotkreuzwagen rasen am Wirtshausberg aufeinander zu, nun beginnen auch noch die Hühner ihr maliziöses Gegacker; ein Truckdriver und sein Beifahrer wälzen sich in der engen Koje. Das wirre Muster scheint den Fremden nur aus Bewegungen und Zeichen gefügt, durch welches die Tiefe von ihren Geheimnissen zu ihnen spricht. In diesen bedeutenden Augenblicken spüren sie, wie das *Existenzfest* sich aufhellt, daß sie ein Gefühl des Schwindels ergreift. Gegen Morgen feiert die Trachtenkapelle noch einmal den Rock'n'Roll, mutiert endgültig zur Straßengang und erlaubt den beiden Langhaarigen in ihrer Mitte einmal so richtig zu zeigen, wofür ihr Herz eigentlich schlägt: *Baby don't cry.* Tosen — Getöse — Gröhlen. Die Verkehrten kennen keine Ungehörigkeiten und Ungeschicklichkeiten mehr, während auch ihr versunkenes Tagwerk in den Fremden zu denken versucht.

PETER KROBATH

Flick - Das Glück dieser Erde

1. Der Winter im Magen

Da kommt er. Er singt. Er torkelt. Mit diesem Körper läßt sich kaum die Hälfte eines Sarges füllen. Flick hat gelernt, damit umzugehen. Einstweilen.

„... ich bin das Glück dieser Erde,
ach wär das schön, wenn's so wääre ..."

Seine Stimme flötet, balanciert, taumelt, stürzt ab, gurgelt, klettert wieder hinauf:

„... das Glück dieser Erde ..."

Bei der Verbeugung zieht ihn der dicke, graufilzige Mantel tief zu Boden. Eine Weile bleibt er so. Ob jemand vorbeikommt und ihm den Kopf abschlägt? Er sieht seine nackten, dreckverkrusteten Füße, winkt mit den großen Zehen, lacht, schlägt sich an den Kopf, winkt ab: nicht der Rede wert, nicht der Rede wert. Ist es schon sein Revier?

Flick schaut sich um, links, rechts. Gähnende Straßen, die das Maul nicht mehr zubekommen. Ein im Nebel dampfendes Laternenlicht. Schwerfällig krempelt er den linken Mantelärmel hoch und gleitet mit dem gesunden Arm in die ovale Öffnung. Vorsichtig, wie ein Operateur in eine aufgeklammerte Wunde. Blind tastet sich die Hand vor, schiebt zur Seite, wühlt, gräbt, zerrt, zieht heraus, reißt auf, wirft zurück und versucht es von neuem.

Während die Hand forscht, ist sein Gesicht in den Nebel gestreckt, seine Nasenflügel und seine bärtigen Wangen blähen sich und fallen wieder ein wie bei einem witternden Hund. Plötzlich ein Stillstand. Ein Fragen. In der Hand. Im Gesicht. Das hellt sich langsam auf. Der Schlager stolpert wieder über seine gesprungenen Lippen:

„... ich bin das Glück dieser Erde,
ach .....wääre ..."

Ein Taxi zischt vorbei. Der Nebel faucht im Scheinwerferlicht. Ein fahrendes Zeug ist selten um diese Zeit. Da stößt man in der Regel nur mit geparkten Autos zusammen. Eine Krähe flattert auf. Irgendwo tropft Tau.

Flick zieht den Blechlöffel aus der unteren Innentasche und hält seinen Fund stolz gegen das Laternenlicht. Er löffelt bedächtig. Ein Kenner. Feinschmeckergebärden, die er einer Fernsehwerbung abgeschaut haben muß. 1, 2, 3, 4, 5 Löffel voll! Ananasjoghurt! Welch ein Glück!

Er versetzt dem leeren Becher einen Tritt, verliert das Gleichgewicht, taumelt, muß sich am Abfallkübel festklammern. Er richtet sich wieder auf, lacht, rülpst, winkt ab: nicht der Rede wert, nicht der Rede wert.

Er schaukelt. Ein schweres Boot, dieser Mantel.

Den blankgeleckten Löffel an die Brust gedrückt, verbeugt er sich noch einmal vorm Abfallkübel, pfaffenhaft.

Dann stolpert er weiter.

II. Flick als Parkwächter

Gestern saß er auch da. Im Schillerpark. Stohhalme hängen an seinem Mantel. In den Haarsträhnen. Wo er wohl wieder geschlafen hat!

Er sitzt mit dem Rücken zu uns verkehrt auf der Bank. Die Unterarme auf die Lehne, das spitze Kinn in die braunen Hände gestützt, starrt er vor sich hin. Schon seit Stunden.

Nicht nur, daß er nichts tut, muß er das noch auf diese Weise!

Und sicherlich stinkt er ganz erbärmlich!

Sein Haar ist gelbgrau und zerzaust. Die Gesichtshaut braun und runzlig. Doch fest über die Backenknochen gespannt. Wetterfest. Gesichtsfurchen von Sonnenstrahlen gemeißelt, in denen der Regen abrinnt. An der Stirn und an den Unterarmen kann man die Krätze wuchern sehen. Seine kleinen, stechenden Augen leuchten manchmal so kräftig, als müßten sie all das ersetzen, was dem Körper an Masse und Muskelkraft fehlt.

Warum grinst er auf einmal so? Ist er verrückt?

Wo er die Flasche wohl wieder herhat?!

Er klaubt Tabak aus Stummeln und dreht sich eine Zigarette mit Zeitungspapier. Er schneuzt sich mit den Fingern, wischt den Rotz in die Hose. Er verwendet den Daumen als Flaschenverschluß.

Wie er da kauert. Rattenhaft!

Man sollte die Kinder nicht so nah heranlassen!

Er sitzt einfach da und schaut zu, wie sein Bart wächst. Bleibt noch so lange hier sitzen, bis eines Tages die Ameisenstraße durch seinen Körper führt. Mit der Wirbelsäule als Mittelstreifen.

Habe ich Ihnen schon erzählt, daß er Telefonzellen als Scheißhaus benutzt?!

III. Letzte große Liebe

Er lehnt an der Glaswand des kleinen Warteraumes am Heiligengeistplatz. Schaut hinaus. Die roten Busse kommen, spukken Menschen aus, schlucken andere, fahren wieder ab. Flick wartet auf keinen. Der Wind zieht die Vorbeigehenden an den Röcken und Jacken, doch sie lassen sich nicht zurückhalten. Haben es eilig. Haben einen Plan, einen Weg, ganz selbstverständlich.

Wohin laufen sie? Wogegen kämpfen sie?

Und was, wenn sie nackt wären?

Auf den Bäuchen der Busse steht der Werbespruch einer Versicherungsgesellschaft: „Auch Sie haben einen Freund“, aber Flick kann nicht lesen. Die Bustüren schnaufen. Auch Sie haben einen Freund, schnaufen sie, auch Sie haben einen, auch Sie. Die Abendsonnne bricht durch. Auf der Glaswand des kleinen Warteraumes schimmern Staub und Fingerabdrücke.

Flick ist unverabredet.

Wohin soll er, Flick, schon gehen?

Er geht eben.

Nicht zum Bahnhof, dort hat er Aufenthaltsverbot.

Er geht durch die Kramergasse und grüßt die Schaufensterpuppen. Na zdravje! . . . Na zdraaavjeee!

Er geht die Straßen entlang und klimpert mit den Fingern an den Zäunen. Klopft gegen abgestellte Autos. Schabt an Plakatwänden. Streichelt die Pferde der Motorölwerbung.

Vor einem Plakat für Strumpfhosen bleibt er lange stehen.

Werden diese Frauenbeine seine letzte große Liebe sein?

Weiter. Vorbei an den Wohnblocks der Außenbezirke. Balkone wie herausgezogene Schubladen. Gegen Bäume gelehnte Autowracks, still vor sich hinrostend. Politikergesichter auf alten Stallwänden. Stacheldrahtballen. Schlamm.

Auf einer Wiese begegnet er einer Kuh. Die starrt ihn entsetzt an. Plötzlich schießt ihr hinten ein dicker, heißdampfender Urinstrahl heraus, und Flick springt schnell hinzu und hält seine kalten, nackten Füße darunter.

IV. Flick als Unternehmer seiner selbst

Zum Betteln vor der Hauptpost schraubt er den falschen Arm ab und bindet das lose Mantelende zusammen, um seinen Stumpf hervorzuheben.

Geben die Leute lieber, wenn er auf dem Boden sitzt?

Jedenfalls ensteht durch die ausgestreckten Beine auf dem Gehsteig ein Engpaß, durch den man erst einmal hindurch muß.

Flick ist höflich. Er hat die Flasche hinterm Rücken versteckt. Er blickt gedemütigt zu Boden. Er unterdrückt sein verschmitztes Lachen. Er singt nicht. Er schlägt sich nicht an den Kopf. Er fröstelt alle zwei Minuten. Und er nimmt niemanden den Arbeitsplatz weg.

Warum wissen das die Leute nicht zu schätzen?

Eigentlich müßte man ihn für sein Nichtarbeiten bezahlen!

Aber das verstehen die Leute noch weniger. Bevor sie ein Nichtarbeiten honorieren, richten sie lieber die Welt zugrunde.

Dabei hatte sich auch Flick bemüht. Schon lange her. Hatte Schweiß vergossen vor diesem Gott der Arbeit. Bis der rechte Arm in die Säge kam. Amputiert wurde. Und verbrannt. Fleischblutknochenasche. Flicks Opfergabe.

Später versuchte er sich als Schuhputzer. Das war nicht erlaubt. In unserer Gewerbeordnung gibt es keinen Schuhputzer, sagten sie. Und: Wir sind ja nicht in der Türkei!

Nun steigen die Leute über ihn hinweg.

Wenn es die Polizei nicht gäbe, es würde sich überhaupt niemand um ihn kümmern.

V. Das Duell auf der Brücke

Nebel gärt in den Straßen. Er bläht die Köpfe der Leute auf. Die kommen ins Taumeln unter einem solchen Wasserkopf. Halten ihn mit beiden Händen fest. Einige müssen ihn vor sich herrollen, und manche von ihnen schaffen nicht einmal mehr das, stolpern über ihren Kopf und fallen hin. Bleiben liegen. Irgendwo. Man kann es nicht sehen bei diesem Nebel.

Zudem ist Sonntag. Leere Straßen. Papierfetzen, Ölflecken, Urinspuren. Aus einer Sprechanlage ruft eine Frauenstimme, aber es ist weit und breit niemand in der Nähe. Bis auf Flick eben.

Ein Zeitungsblatt verfolgt ihn. Raschelnd. Er wechselt die Straßenseite, aber es flattert noch immer hinter ihm her. Er biegt ab. Es biegt auch ab. Er bleibt stehen und schneuzt sich. Das Zeitungsblatt wartet.

Was soll das?

Was will es?

Flick schwitzt. Seine Wangen beben. Wo ist er? Wie fremdartig die Gegend plötzlich ist! Nein. Nein, das nützt nichts. Er kann nicht auf einmal so tun, als sei er ein Marsbewohner. Er nimmt einen Schluck Schnaps.

Am Rizzisteg dreht er sich jäh um. Hofft er, daß das Zeitungsblatt vor Schreck ins Wasser fällt? Es kommt mit leichten Sprüngen die Treppe herauf, knickt zierlich zusammen und hebt sich dann zu einem Dach, so huscht es von Stufe zu Stufe, rutscht noch ein Stück und hält zwei Meter vor ihm an.

Mitten auf der Brücke.

Stille.

Über dem Wasser fließt der Nebel stadteinwärts.

Flick hält den Atem an. Räuspert sich. Das Zeitungsblatt ist reglos. Und doch angespannt. Ist das Gitter der vielen kleinen Buchstaben ein schwarzes Netz empfindlicher Nerven? Plötzlich dreht es sich um, springt auf den nächsten Windstoß und flattert frech davon. Einen Moment lang zögert Flick. Überlegt, ob er ihm nachlaufen soll. Da fällt ihm ein, daß er nicht lesen kann. Er schlägt sich an den Kopf und läuft in die entgegengesetzte Richtung.

Am Stadtrand lichtet sich der Nebel. Der Mond steigt aus einem Fabriksschlot. Noch ein wenig schmutzig.

VI. Kriegserklärung der Stadt — eins

Der Stadtsenat gibt sich die Ehre. Der Bevölkerung gibt er eine neue Anstandsverordnung zur Eliminierung des Sandlerwesens. Ein Polizist ist so freundlich und nimmt Flick auf die Wachstube mit, um ihm das neue Gesetz vorzulesen:

„Mit Gefängnisstrafe muß rechnen: wer in ungebührlicher Form auf öffentlichen Plätzen und in öffentlichen Gebäuden Personen anlacht, anbettelt oder anpöbelt, wer sandlermäßig an exponierten Orten, wie z. B. Kinderspielplätzen, Parks, öffentlichen Straßen und Plätzen, Verkehrsflächen oder in der Nähe von Fremdenverkehrseinrichtungen herumlungert oder Alkohol zu sich nimmt, zudem: wer kein Dach über dem Kopf hat, keine Schuhe trägt, nicht deutsch spricht, überhaupt nicht spricht oder in Mistkübeln stöbert."

Na zdravje!

Was nun?

Den Bürgermeister umbringen? Aber so ein Bürgermeister hat ja tausend Köpfe. Wenn er täglich drei davon abschlägt, braucht er fast ein Jahr. Das ist ihm doch zuviel Arbeit!

Flick zieht andere Konsequenzen: Er füllt seinen Schnaps in eine Apfelsaftflasche um / er trägt ein paar alte Schuhe, über die Schulter gehängt / er hat einen alten Regenschirm bei sich. Bei der Tagesvisite der Abfallkübel spannt er ihn auf. So hat er ein Dach überm Kopf und fischt im Verborgenen / zudem: die soeben herausgezogene Semmel beutelt er in der Hand, als sei sie etwas, was er gerade wegwerfen wollte, das aber an seinen Fingern klebengeblieben ist.

VII. Der Winter in der Seele

Eine schlechte Nacht heute. Es ist kalt. Er möchte etwas trinken. Nicht irgendetwas. Es ist kalt. Er ist so nüchtern, daß er Angst hat auseinanderzublättern. Und es ist kalt. Die

Spucke friert ihm ein. Es wird nicht mehr lange weitergehen.

So. Er lächelt böse.

Der Platz ist leer. Ringsum fest verschlossen schlafen sie. Auf den toten Fensterscheiben kritzelt der Frost. Die Pestsäule scheint den Atem anzuhalten. Unerträglich!

Der Handgriff zur Manteltasche wie ein Reflex. Aber die Tasche ist leer. Er schlägt sich an den Kopf, rülpst, winkt ab. Er fühlt sich einsam und dreckig wie eine Verkehrsinsel.

Wenn ihn doch ein Blitz treffen würde, sodaß er wenigstens für einige Momente eine große Leuchte wäre! Wenn . . . Wenn, wenn, wenn.

Wenn es bei anderen so plötzlich nicht mehr weitergeht, können sie noch immer den Fernsehapparat einschalten.

Aber er? Ein ausgebombtes Wrack ist er! Eine impotente Seele! Ohne Schnaps! Ein Hustenanfall läßt ihn wieder tiefer in den Mantel sinken.

Dieser Durst! Er kommt sich vor wie einer, der mit einem viel zu großen Fahrrad gestürzt ist und am Boden liegend noch immer in die Pedale tritt.

Das ist kein Leben! Ohne Schnaps.

Ohne Schnaps ist er wie eine leere Nuß! Wie ein leerer Sturzhelm!

So ist das.

VIII. Kriegserklärung der Stadt — zwei

Eine Straßenreinigungsmaschine spritzt ihm Wasser ins Gesicht. Er wacht auf. Der Fahrer der Maschine hat einen walkman auf dem Kopf und grinst. Flick will aufstehen, fällt wieder hin. Schüttelt den Kopf, winkt ab: nicht der Rede wert, nicht der Rede wert.

Im Asyl will er nicht übernachten. Das Schnarchen und Pfeifen von zwanzig verrosteten Luftröhren. Das Rascheln von zwanzig sandigen Lungen. Die Ausdünstungen von zwanzig alten Männern. Und dann noch die Jämmerlichkeit, einer von ihnen zu sein. Nein! Schlimm genug, daß er damals als Soldat in Reih und Glied schlafen mußte.

Warum erbebt nicht die ganze Stadt, wenn er hinfällt? Er

lacht. Kriecht auf allen Vieren weiter. Versucht einen Kopfstand. Will die Erdkugel in die Luft stemmen. Regenschirm, Schnapsflasche, Schuhe, Löffel und Strumpfhosenwerbungsprospekte fallen aus seinen Manteltaschen. Er flucht.

Seit Tagen ist es trüb. Die Herbstblätter färben sich nur noch braun. Von den Dächern drückt es den Rauch herunter. In den Straßen brodelt der Smog. Vorm Rathaus werden Trommeln geschlagen. Flick bleibt stehen, steckt auch die falsche Hand in die Tasche und späht über den Rand seines Mantelkragens. Die Trommler halten jäh inne, und der Ausrufer tritt heraus. Er hustet erbarmungswürdig. Dann verkündet er:

„Bürger dieser Stadt! Der Stadtsenat ist so frei, Ihnen eine Erweiterung der neuen Anstandsverordnung mitzuteilen: Ab sofort wird jeglicher Müll zu öffentlichem Eigentum erklärt / sein Diebstahl kann mit drei bis zehn Jahren Gefängnis bestraft werden / wer in Mistkübeln von Politikern und anderen hochgestellten Persönlichkeiten stöbert, muß zusätzlich mit einem Staatsverräterprozeß und seiner anschließenden Erschießung rechnen / hochachtungsvoll: der Stadtsenat."

Für die Klostersuppe gibt sich Flick eine halbe Stunde lang fromm. Das fällt ihm diesmal nicht schwer. Der Schreck sitzt ihm noch in den Knochen. Das Trommeln. Der Beifall. Er zuckt zusammen, stößt einen tierischen Laut aus. Der Abt wirft ihm einen mahnenden Blick zu. Ja, auch hier wird es von Tag zu Tag ungemütlicher. Die Suppe wird nur noch in gebrauchten Konservenbüchsen abgegeben, denn: wo keine Teller sind, werden keine Teller gestohlen.

IX. Flick als Boot

Das kann nur Flick sein!

Er ist ihnen entwischt und dirigiert nun die Sirenentöne eines vorbeifahrenden Polizeiautos. Dabei sitzt er in einer Pappschachtel. Wenn Gefahr droht, schließt er den Deckel. Tarnt sich als Paket. „Nicht kippen" steht auf der Seite. Die Pappschachtel steht unter dem Vordach der aufgelassenen Alpenländischen Zuckerlfabrik! Über den alten, roten Dächern sieht man die Kräne für neue Gebäude. Wie riesengroße Kreuze. Baugerüste darunter, winterkahl. Sie waren es schon im Sommer, hatten keine Blätter zu verlieren.

Der Wind wirbelt Laub und Papierfetzen vorbei, die der stärker werdende Regen niederdrückt. Der Geruch von rostigem Eisen und feuchtem Stoff. Der Geruch von Sägespänen und Urin. Der Geruch des vermodernden Herbstes. Von den kahlen Zweigen hängen kopfüber Krähen und schaukeln im Wind.

Flick thront in seiner Pappschachtel und schwingt den Blechlöffel. Er singt und dirigiert „Das Glück dieser Erde". Der Regen schlägt die Trommel dazu. Der künstliche Arm und eine Schnapsflasche liegen weggeschleudert in einer Pfütze. Flick glaubt in einem Boot zu sitzen. Er, er ist das Glück dieser Erde. Er, er ist derjenige, der die Welt umsegelt und die Nacht austrinkt. Er preßt den Löffel an die Brust und verbeugt sich vorm tosenden Unwetter.

Nicht der Rede wert, nicht der Rede wert.

In der Nacht beginnt es zu schneien. Dicke Flocken wie auf Kinderzeichnungen.

X. Der Winter außerhalb der Seele

Lendkanal, Jänner:

Der Kanal ist schon zugefroren. Die Eisfläche ist bleiern wie der Himmel. Schneebrocken liegen darauf, von Kindern über die Böschung geworfen, um die Festigkeit des Eises zu prüfen. Und mitten auf dem Kanal steht eine der grünen Stadtgemeindebänke! Und ein Mantel sitzt auf dieser Bank, der uns bekannt vorkommt. Nackte, rote Füße baumeln aus diesem Mantel heraus.

Heiligengeistplatz, Februar:

Flick muß betrunken gewesen und hingefallen und einfach liegengeblieben sein. Dann muß sich eine eisige Nacht an seinen Körper geschmiegt haben. Mit Schaufeln kratzten sie heute morgen seinen angefrorenen Leichnam vom Boden.

Lendkanal, März:

Im Kanal treibt noch Eis. Auf manchen Eisfetzen sind Fußabdrücke zu erkennen. Die schwimmen auf dem Wasser wie die Schritte eines betrunkenen Engels.

ROLAND KUTSCHEK

Der fünfte Mann

Einige Arbeiter warteten bereits darauf, daß der Nachtportier das große Portal zum Betriebsgelände endlich öffnet. Müde von einer langen und kalten Nacht öffnete der alte Portier den ersten arbeitshungrigen Menschen den Weg zu ihrem Arbeitsplatz. Das Betriebsgelände, etwa 25 000 m² groß, war genau eingeteilt in vier Arbeitshallen, das Labor, das große Führungshaus mit einer Kantine für die Arbeiter und, etwas abseits gelegen, die beiden Lagerhallen. In den letzten Jahren war die Chemikalien-Gesellschaft zu einem stattlichen Betrieb mit 2300 Beschäftigten herangewachsen. Die Chem. Ges.m.b.H. war inzwischen schon über 50 Jahre alt geworden, begonnen hatte man im Jahr 1929 mit 100 Arbeitern. Besonders in der Nachkriegszeit konnte man sich sehr glücklich schätzen, wenn man in dem als krisensicher geltenden Unternehmen einen Job bekommen hatte.

Langsam strömt die immer größer werdende Menschenmenge zu ihren Arbeitsplätzen, und die Arbeitshallen sowie das Labor beginnen sich zu füllen. Um 8 Uhr sind dann alle Posten besetzt und die Arbeit kann beginnen. Das Labor ist das Zentrum des gesamten Betriebes. Hier werden auch nur Laboranten eingesetzt, die die schweren Prüfungen und Vortests souverän gemeistert haben. Einer der Besten ist Georg Ellmann. Er hat, zusammen mit den vier anderen Laboranten seiner Abteilung, die Aufgabe, die Grundsubstanzen für neue Produktionsmittel zusammenzusetzen. Obwohl Georg Ellmann erst vor sieben Jahren in den Betrieb aufgenommen wurde, hat er durch seine überdurchschnittlichen Leistungen schon sehr viel erreicht. Er wurde vor einem Jahr zum Abteilungsleiter befördert und ist außerdem noch stellvertretender Personalabteilungschef des Labors. Von Abteilung A werden dann die Chemikalien weitergeleitet zu Abteilung B, wo ebenfalls ein fünfköpfiges Team arbeitet. Diese Gruppe hat nun die Aufgabe, die nötigen Mengenverhältnisse zusammenzustellen. Insgesamt gesehen ist also dieses zehnköpfige Team von Spezialisten der Kern des gesamten Unternehmens, das sich auf die Entwicklung von neuen Putzmitteln spezialisiert hat.

An diesem Vormittag gibt es nicht besonders viel Arbeit im Labor. Georg sprach mit Robert Seller, seinem besten Freund und Kollegen, mit dem er schon zusammengearbeitet hatte bevor er in den Betrieb eingestiegen war, über einige Erfolge, welche man in der letzten Zeit gemeinsam verbuchen konnte. Peter Mohrer und Sepp Stager, auch zwei sehr gute Freunde, untersuchten unter den Mikroskopen einige Chemikalien und machten eifrigst Notizen über ihre Entdeckungen. Schließlich war da noch Thomas Inter, der Jüngste des Teams. Er war erst vor sieben Monaten aufgenommen worden, als ein langjähriger Arbeitnehmer in den verdienten Ruhestand getreten war. Er redete nur wenig, und nach der Arbeit verschwand er meistens mit einem kurzen Gruß. Normalerweise war es unter den Kollegen üblich, nach der Arbeit noch ein wenig zusammenzusitzen und über die vollbrachten Leistungen zu plaudern. Dadurch wurde Thomas Inter mit der Zeit zum Außenseiter der Abteilung A. Plötzlich läutete das Telefon. „Hier Abteilung A. Ellmann am Apparat“, meldete sich Georg kurz und bündig. „Ja, hier ist Schneider. Herr Ellmann, der Vorstand hätte Sie gerne dringend gesprochen. Würden Sie bitte herüber ins Führungshaus kommen.“ Ellmann legte auf, streifte seinen weißen Arbeitsmantel ab, hängte ihn behutsam auf einen Kleiderhaken und machte sich sofort auf den Weg. Es war kein weiter Weg vom Labor bis zum Führungshaus, 300 m vielleicht. „Der Aufsichtsrat, was wollen diese Heinis bloß von mir“, dachte sich Georg. Langsam und vorsichtig klopfte er an die Tür zum großen Sitzungssaal, wo der Vorstand meistens zu tagen pflegte. „Ah, Herr Ellmann, herzlich willkommen“, begrüßte ihn der Vorsitzende mit freundlichen Worten. „Was kann ich für Sie tun, meine Herren?“ fragte Georg. Der heitere Gesichtsausdruck des Herrn Vorsitzenden wurde plötzlich sehr ernst. „Ja, Herr Ellmann, die Sache ist nämlich so. Wir haben heute in der alljährlichen Hauptversammlung, wie jedes andere Jahr auch, den Gesamtbericht des abgelaufenen Jahres besprochen, und wir sind leider zum Schluß gekommen, daß im Labor viel weniger geleistet wurde als vor einigen Jahren." „Ja, das dürfte leider wohl stimmen. Aber wir hatten in der letzten Zeit auch nur sehr wenige Aufträge zu bearbeiten", wendete Georg ein.

„Trotzdem", sagte der Vorsitzende, „es läßt sich nun leider nicht mehr ändern. Der Vorstand hat einstimmig beschlossen, die Abteilungen des Labors zu fusionieren und die Anzahl der Mitarbeiter von zehn auf fünf zu beschränken." „Das darf doch wohl nicht wahr sein", dachte sich Georg Ellmann. „Und was heißt das im Klartext?" fragte er. „Also, wir haben beschlossen, daß aus Abteilung A drei und aus Abteilung B zwei Mitarbeiter entlassen werden." „Und, bin ich auch dabei?" stotterte Georg ängstlich. „Nein, natürlich nicht! Sie als Abteilungsleiter und erfahrener Mitarbeiter wurden in die engere Wahl nicht miteinbezogen." Georg fiel ein Stein vom Herzen. „Aber was habe ich nun mit der ganzen Sache zu tun?" fragte er. „Ja, wir haben leider noch ein großes Problem. Bei vier Männern ist die Entlassung fix, aber über den fünften können wir uns nicht einigen. Von Abteilung B Marce und Klamm und von ihrer Abteilung betrifft es bisher Peter Mohrer und Sepp Stager. Als dritten Mann ihrer Gruppe müssen wir nun entweder Robert Seller oder Thomas Inter entlassen. Und Sie, jawohl Sie, sollen entscheiden, welcher der beiden der bessere Chemiker ist, der andere wird dann entlassen. Genau in einer Woche erwarten wir Ihre Entscheidung, und erst dann werden die Entlassungen öffentlich bekanntgegeben. Es wird also niemand erfahren, daß Sie die Entscheidung zwischen den beiden getroffen haben."

Verwundert verließ Georg den Sitzungssaal und begann nachzudenken, warum gerade er darüber entscheiden sollte, ob jemand seinen Arbeitsplatz behält oder ihn verliert. „Die wollen Robert vielleicht entlassen, wo er doch schon seit sieben Jahren mit mir zusammenarbeitet." Unerdenklich schien ihm dieser Gedanke. Wieviele schöne Stunden hatte er schon mit seinem besten Freund verbracht, er war schon fast ein Teil von Roberts Familie. Da Georg allein lebte, verbrachte er seine Freizeit meistens mit Robert und seiner Gefolgschaft. Wie oft war er von Martha, Roberts Frau, zum Essen eingeladen worden, er spielte sehr oft mit den beiden Kleinkindern. Bei einem Kind war er sogar Taufpate. Und gerade er sollte seinem besten Freund den Arbeitsplatz nehmen? Nein, das konnte er wirklich nicht. Also war für Georg schon nach fünfminütiger Überlegungszeit klar, daß nur ein Mann für die Entlassung in Frage kommt: Thomas Inter!

Gewiß, er war ein guter Chemiker, vielleicht sogar ein besserer als Robert, aber alle anderen Argumente sprachen gegen ihn. Er war erst vor sieben Monaten in den Betrieb gekommen, niemand kannte ihn persönlich, denn er hatte kaum Kontakt mit seinen Arbeitskollegen. Aber gerade bei diesen Überlegungen stutzte Georg Ellmann. Es wurde ihm klar, daß er gar nichts über Thomas Inter wußte, rein gar nichts. Jetzt hatte er schon seit sieben Monaten mit einem Mann zusammengearbeitet, und er wußte nicht einmal, wo er wohnt oder ob er überhaupt eine Familie hatte. Aber Georg hatte ja noch eine Woche Zeit, und so nahm er sich vor, einige wichtige Details über Inter in Erfahrung zu bringen.

Am nächsten Tag begann er während der Mittagspause mit seinen Nachforschungen. Als stellvertretender Personalabteilungschef konnte er jederzeit Einsicht in die gesamten Personalakte nehmen. So nützte er die eine Stunde Mittagspause, um den Akt Thomas Inter genauer zu studieren. Er fand auch einige wichtige Dinge über ihn heraus: Thomas Inter war 26 Jahre alt, wohnte sogar ganz in der Nähe von Georg, er hatte eine Frau und zwei kleine Kinder. Georg entdeckte auch, daß Thomas vor einem Jahr bei einem Verkehrsunfall schwer verletzt worden war, woraufhin er auch seinen früheren Arbeitsplatz verlor. Dies mochte vielleicht auch erklären, warum Thomas nur selten gut aufgelegt war und kaum lachte. Er hatte bei diesem Unfall einen schweren Schock erlitten und diesen noch immer nicht richtig überwunden. Georg begann nachzudenken, was Thomas nach seiner Entlassung machen würde.

Bei der prekären Situation, die am Arbeitsmarkt herrschte, würde er wohl so schnell keinen anderen Arbeitsplatz finden. Für Georg wurde dieser Mensch, über den er entscheiden sollte, immer interessanter, und er wollte ihn besser kennenlernen. So faßte er sich ein Herz und lud Thomas Inter mit Familie zum Essen ein. Thomas war sehr überrascht, als er die unerwartete Einladung bekam. „Was, wie bitte, zu Ihnen Essen, ja, aber natürlich, wir kommen sehr gerne. Meine Familie wird sich sicher freuen", stotterte er total verlegen und nahm dankend an.

Am Sonntag war es dann soweit. Georg war ein guter Koch, denn da er allein lebte, mußte er sich immer selbst versorgen. Familie Inter erschien pünktlich um 12 Uhr, alle fein gekleidet. Georg begrüßte sie recht herzlich und dachte sich: „Eine brave und liebe Familie." „Sie haben eine nette Frau und zwei sehr liebe Kinder", sagte er zu Thomas. „Ja, ich bin sehr glücklich", antwortete dieser. „Und dank dem guten Entgelt Ihrer Firma kann ich uns in den nächsten Jahren eine gesicherte Existenz aufbauen." „Oh, mein Gott, die Firma! Auf was habe ich mich da eingelassen!" geht es Georg durch den Kopf. „Was geschieht mit diesen armen Kindern, wenn ihr Vater plötzlich seinen Arbeitsplatz verliert und kein Geld mehr verdient?" Wie wird diese jetzt so glückliche Familie einmal enden?" Fragen über Fragen, die sich Georg selbst zu stellen begann. Er fühlte sich plötzlich nicht mehr wohl in seiner Haut, kam sich auf einmal hundsgemein vor. „Heute lade ich diese Familie zum Essen ein, und in drei Tagen entscheide ich gegen sie. Mein Gott, was soll ich bloß machen? Und Robert, wie soll ich meinen besten Freund verraten? Nein, das ist undenkbar! Es tut mir ja so leid, aber ich habe keine andere Wahl." In der kommenden Nacht konnte Georg kaum ein Auge zutun. Er mußte ständig nachdenken über die Firma, über Robert, über die Familie Inter und auch über sich selbst. Auch die nächsten beiden Tage erging es ihm nicht anders. Er konnte sich nicht einmal auf seine Arbeit konzentrieren. Georg wagte es nicht, Robert oder Thomas offen in die Augen zu blicken. Er wurde mit sich selbst kaum noch fertig. Er fand sich oft an Plätzen, wo er gar nicht wußte, wie er dort hingekommen war, oder wachte nachts schweißgebadet auf. Die ganze Sache war ihm total zu Kopf gestiegen. Er konnte es einfach nicht verkraften, über das Schicksal eines Menschen zu entscheiden.

Und dann kam die Stunde X. Das Telefon läutete wieder und Georg wurde in den Sitzungssaal beordert. „Guten Tag, lieber Herr Ellmann!“ begrüßte ihn wie immer der Vorsitzende. „Nun, haben Sie die Entscheidung gefällt, welcher der beiden Herren unseren Betrieb verlassen muß?“ „Ja und Nein“, stotterte Georg. „Was soll das heißen?“ fragte der Vorsitzende aufgeregt. „Nun, ja heißt, daß ich die Entscheidung getroffen habe, wer den Betrieb verlassen muß. Und nein heißt, daß weder Robert Seller noch Thomas Inter den Betrieb verlassen werden!“ „Und was, zum Teufel, heißt das nun wieder?“ fragte der Vorsitzende entsetzt. „Das heißt nichts anderes, als daß ich hiermit kündige, meine Herren! Einen schönen Tag noch“, sagt Georg und schlägt die Tür hinter sich zu.

Mit erhobenem Haupt geht Georg Ellmann ein letztes Mal den Weg vom Führungshaus zum Labor, um sich von seinen Kollegen zu verabschieden. Er fühlt sich so gut wie schon lange nicht mehr und bereut keine Minute die Entscheidung, die er getroffen hat.

DANIELA LECHNER-DUFFEK

Der ganz gewöhnliche Tod des Rasputin Ranftl

Was gibt es Schlimmeres, als an einem ganz gewöhnlichen Tod aus der Welt zu gehen?

Rasputin Ranftl saß vor seinem Schreibtisch und dachte nach. Es ist schwer zu sagen, wie oft er das in den letzten Monaten getan hatte. Der Arzt sprach von „depressiver Verstimmung auf Grund der Pensionierung", er empfahl Rasputin, viel spazieren zu gehen, zu reisen, Leute kennenzulernen und eben solche Dinge, die Ärzte bei dieser Art Krankheit empfehlen. Rasputin war anfangs sehr viel spazieren gegangen, hatte sich eine Katze gekauft, sie geliebt, gepflegt, doch sie war an einer heimtükischen Katzenseuche gestorben. Doch war es nicht der Tod der Katze, der Rasputin Ranftl in der letzten Zeit so traurig machte. Es war sein eigener bevorstehender Tod, und er wußte, daß er kommen würde, und er wußte, daß er, so wie er kommen würde, von ihm nicht akzeptiert werden würde. Sein Leben war geradlinig verlaufen: Schule, Gymnasium, Universität, Arbeit in einem Konzern, Heirat, Scheidung, zwei nun erwachsene Kinder, die ihn kaum besuchten, Pensionierung Dazwischen einmal ein einmonatiger Amerikaaufenthalt, der eher der Firma als seiner Erholung gegolten hatte. Im Sommer Urlaub in immer demselben Ort in Italien. Einmal ein Ehrentitel der Firma. Sonst tägliche 8 Stunden Arbeit, tägliche 8 Stunden Schlaf, tägliche 8 Stunden Freizeit, die mit Hin- und Rückfahrt zur und von der Firma, mit täglichem Kleinkram verstrichen waren. Seine Krankheit war nicht plötzlich gekommen. Sie hatte sich angeschlichen. Wie eine Katze, leise, vorsichtig und absolut. Während der letzten Jahre in der Firma hatte er sich mehr und mehr auf die Pensionierung gefreut, mehr und mehr hatte er die Jugend beneidet, die, wie es ihm schien, noch nie so — richtig gehandelt hatte wie in den letzten Jahren: Gymnasium, und dann viel,

viel Zeit, kein Hindurchhasten durch das Studium, eher ab und zu Jobs, Reisen, Abenteuer, Unterhaltung, früher oder später werden sie sowieso von der Arbeit, von dem Ernst des Lebens eingeholt. Ranftl dachte, daß er all das, was er in seinem bisherigen Leben versäumt hatte, nachholen könne in seiner Pension. Er wollte reisen, schreiben, lesen, Dinge entstehen lassen und so weiter. Er konnte den Tag der Pensionierung kaum erwarten und trat drei Wochen vorher in den Krankenstand, der kein richtiger Krankenstand war, auch das hatte er der Jugend abgeschaut.

Als er das einem jungen Burschen, den er im Park traf, erzählte, wurde dieser ein wenig unsicher, lächelte verlegen und verabschiedete sich ziemlich plötzlich. Auf sein verdutztes Gesicht hinauf erklärte ihm ein Mädchen, das die Szene beobachtet hatte, daß dieser junge Mann, ein ausgebildeter Lehrer, seit drei Jahren arbeitslos sei, bisher nur Aushilfsarbeiten bekommen habe, weil es unmöglich war, eine Arbeitsstelle zu finden. Ranftl biß die Zähne zusammen.

Zu Hause versuchte er, den Roman weiterzuschreiben, den er vor kurzem angefangen hatte, Maschinschreiben hatte er nie gelernt, wozu auch, schließlich hatte er zeit seines Lebens immer eine Sekretärin gehabt. Doch mußte er feststellen, daß es immer schwieriger wurde für ihn, mit der Hand zu schreiben, hatte er dann endlich ein paar Seiten geschafft, so konnte er sie nach einigen Tagen nicht mehr lesen. Außerdem waren seine Augen sehr schlecht geworden, sodaß ihm der Arzt bald überhaupt das Lesen verbieten mußte. Natürlich befolgte er dieses Verbot nicht, konnte dann aber nach zwei, drei Seiten den Zeilen nicht mehr folgen, alles begann zu verschwimmen, seine Konzentration ließ erschreckend nach, er bekam Kopfschmerzen und Augenflimmern. „Aber es gibt ja noch andere Dinge“, beruhigte er sich, er trat einem Golfklub bei, unterhielt sich gut die erste Zeit, blühte nach den vielen anfänglichen Tiefschlägen sichtlich auf, war kaum mehr zu Hause, nur noch im Klub, wo ihn die Leute auch schon freundlich erwarteten. Sie wußten nicht, daß es für ihn immer schwerer wurde, die weiten Strecken zu Fuß zu bewältigen, den Golfwagen aber lehnte er strikt ab, er verbiß sich die Anstrengungen, lächelte tapfer weiter, und das tägliche Spielen wurde eher eine Qual als eine Freude. Als er sich zu allem Überfluß noch den Oberschenkelhalsknochen brach bei einem unglücklichen Sturz, schloß er sich nach seiner Rückkehr aus dem Krankenhaus viele Wochen zu Hause ein, ging keinen Schritt mehr nach draußen, nur noch ab und zu zum Arzt, um seine notwendigen Medikamente zu holen, ohne die er, so schien es ihm zumindest, nicht mehr leben konnte. „Was habe ich alles versäumt" — immer wieder mußte er daran denken, immer wieder machte er sich selbst gegenüber die größten Vorwürfe, und auch immer öfter versuchte er seine beiden Kinder zu überreden, mit ihm irgendetwas zu unternehmen, mußte dann aber feststellen, daß er eine zu große Last war, daß sie einfach nicht zusammenpaßten, daß er einfach zu alt war. Sie ließen sich von Ehemann und Ehefrau am Telefon verleugnen, und wenn sie dann doch einmal zu Besuch kamen, wurden sie nach zwei Stunden unruhig, sagten nur noch „ja" oder sonst irgendwelche belanglose Dinge, sodaß sogar ein Tauber hätte bemerken müssen, daß es ihnen mehr als unangenehm war, hier zu sein und einem alten Mann Gesellschaft zu leisten. Irgendwann wurde es Ranftl zu viel, er warf seine beiden Kinder aus der Wohnung und schwor sich, sie nie mehr zu „belästigen", und ihnen, daß sie für ihn gestorben seien.

Vom Leben habe ich nichts gehabt. Ich will meinen Tod auskosten, will ihn ERLEBEN, will ihn selbst bestimmen, will einen Tod, den sonst niemand hat, oder zumindest nicht viele.

Die Idee begann sich festzusetzen. Immer länger saß er am Schreibtisch, immer konkreter wurden seine Pläne, immer genauer wußte er, was passieren mußte. Er würde von einem hohen Gebäude herunterspringen. Vorher würde er alle seine Bekannten darüber informieren, ihnen raten, die Tageszeitung zu kaufen, denn da würde es in riesigen Lettern stehen, sein Tod, sein Werk.

Ein Bild stellte er sich vor, ein Bild vom Empire State Building, und er auf halber Höhe, fliegend, schwebend kurz vor seinem Tod, natürlich würde er vorher die Presse informieren, es sollte eine Warnung sein an alle Leute seines Alters. Das Fernsehen würde dabeisein, vom Absprung bis hin zum Aufprall, niemand würde ihn abhalten können davor. Oder sollte er lieber vom Eiffelturm springen, oder vom Schiefen Turm in Pisa? Nein, das Empire State Building ist noch am besten, da ist die Flugzeit am längsten, da können genug Fotos gemacht werden, da erfährt es sicher die Presse der ganzen Welt, er als Österreicher in Amerika und Selbstmord, noch dazu ein alter Mann von Anfang siebzig. Schnell nahm er die Tabletten gegen seinen hohen Blutdruck, er durfte sich nicht mehr so aufregen, das trieb seinen Blutdruck in die Höhe, sein Arzt würde wieder schimpfen mit ihm.

Den Tag seines Todes setzte er an seinem 72. Geburtstag an. Er hatte am 23. Juni Geburtstag, das heißt Abflug an 21. Juni nach New York, dann lang ausschlafen, Zeitverschiebung, und um 11 Uhr würde es über die Bühne gehen. Zwei Wochen davor ging er zum Flughafen, um seinen Flug zu buchen. Er bekam das Ticket, wechselte auch noch am selben Tag seine Ersparnisse in Dollar ein, ging nach Hause und beschloß, die nächsten zwei Wochen viel spazierenzugehen, viel zu schlafen und was ihm sonst der Arzt noch alles verordnet hatte. Ganz folgsam wollte er sein, damit niemand vermuten könnte, was er vorhatte. Noch sollte es niemand wissen. Vor seinem Abflug wollte er dann seine Kinder telegraphisch informieren, die würden dann schon den Rest für ihn erledigen. Promotion gab es genug. Dachte er.

Am 14. Juni lehnten die Kinder des Herrn Rasputin Ranftl das Angebot der Tageszeitung ab, ein besonders günstiges Inserat aufzugeben. IN TIEFER TRAUER, sollte da stehen, GEBEN WIR DAS ABLEBEN UNSERES VATERS BEKANNT. ZU FRÜH IST ER VON UNS GEGANGEN.

Die Kinder des Herrn Ranftl schoben des Reklameangebot der Zeitung beiseite, um sich der übrigen Post zu widmen. Wer sollte sich schon für den Tod ihres Vaters interessieren? Ein Herzschlag wie viele andere in dieser schwülen, heißen Juniwoche, kein Wunder bei diesem Alter. Ein billiger Sarg, das Grab der Großeltern ist zu verwenden, die Wohnung wird verkauft, der Altwarenhändler hat sie ausgeräumt, sie haben ihm ein schönes Trinkgeld gegeben, das Ticket, das er gefunden hatte, hatte er eingelöst, das hat er natürlich niemandem gesagt, die Dollar hatte er umgewechselt, wem sollte er das denn auch sagen, dann hatte er endlich das Geld für den Porsche zusammen. Am Sonntag darauf raste ein Porsche mit überhöhter Geschwindigkeit durch einen offengebliebenen Bahnschranken in einen Güterzug. Der Lenker war auf der Stelle tot. Auch die Kinder des Herrn Ranftl lasen am nächsten Tag die Schlagzeilen, sie ahnten nicht, daß der Unfallenker Maier der Altwarenhändler war, dem sie ein paar Tage vorher ein so schönes Trinkgeld gegeben hatten.

CVETKA LIPUŠ

Trunken

Langsam und mit Bedacht schneide ich mir die Pulsader auf. Es ist nur ein kleiner Schnitt. Es schmerzt. Aber es ist kein wüster Schmerz, der den Menschen zum Heulen bringt, der ihn auf die Erde wirft, der ihn ins Holz der Möbel beißen läßt. Mein Schmerz ist sanft, zart und betäubend. Ich atme erleichtert auf. Ich spüre, wie mein Körper wunderbar kühl und dann zugleich so entzückend warm wird. In meiner Brust lodern Kerzen. Ich spüre, wie meine Hände, Beine mich verlassen. Ich lache. Ich schließe meine Augen und lache. Zum erstenmal in meinem Leben fühle ich mich wirklich frei. Das Blut tröpfelt auf den Boden. Das tiefrote Blut vermischt sich mit der dunkelbraunen Erde.

Ich höre das Singen eines Vogels. Er muß in einem der Baumwipfel sitzen, die ihr schirmendes Blätterdach über mich breiten. Erst kommen ein paar Anläufe, rollender Triller; dann geht das Geschnatter über in einzelne langgedehnte, zitternde, schmelzende Töne. Sie erfüllen rings die Luft. Sie begleiten und untermalen meine Gedanken.

Mein Körper wird immer leichter. Ja, er scheint zu schweben. Ich löse mich vom Erdboden, mein Körper schwebt über dem Wald, immer höher und höher. Die Vögel kommen mir näher. Ich schwebe an ihnen vorbei und grüße die Wolken. Das erstemal in meinem Leben sehe ich weit über meine Winzigkeit. Jetzt weiß ich auch, was Freiheit heißt. — Freiheit heißt nur, daß man gehen kann, wann man will.

Die Müdigkeit ergreift meinen Körper. Sie durchdringt mein Inneres. Mein Inneres, das ich schon lange nicht mehr besitze. Ich bin wie eine leere Schale: Eine Harpyie hat mein Inneres aufgnefressen, ohne daß ich es gewährte.

Die Gedanken laufen mir durch den Kopf wie Ameisen vor dem Gewitter. Der ganze Wald scheint sich zu bewegen. Die

Bäume nähern sich mir mit ihren höhnischen Fratzen. Sie schlingen ihre Äste um meinen Körper. Ich rieche den angenehmen Duft des Holzes. Diesen betäubenden Duft, der mich ganz einhüllt und mir den Verstand umwebt. Denselben Geruch hat auch der Tod. Ich spüre es. Ich spüre seine Nähe. Er kommt zu mir, obwohl sich ihn so viele wünschen. All die Verlassenen, die Gequälten, die Vergessenen, die Wahnsinnigen, die Enttäuschten, die Sterbenden, die Kranken, die Verbitterten, die Betrogenen, die Geschlagenen, die über den Erdboden kriechen.

All die wünschen sich den Tod. Sie sehnen sich nach ihm, sie träumen von ihm, aber er kommt zu mir.

Mein Herz schlägt immer langsamer. So als ob es zögern würde zu schlagen. Wie lange liege ich schon hier? Sind es Minuten oder eine Ewigkeit? Es umgibt mich eine Finsternis, die schwer ist wie Samt, aber weich wie Seide.

Ich höre den Tod heraus aus den Eingeweiden der Erde steigen.

Trunkene Leidenschaft scheint den Vogel zu erfüllen. Er jubiliert in kurzen, rasenden, in langsam verhallenden Tönen, es ist eine Art melodischer Todeskampf. Plötzlich hält er ein wenig inne, flötet nur zwei, drei leise, zarte Töne und bricht dann schrill ab.

GÜNTHER MERSICH

Notstand

Selbständiger Zahntechniker für Prothetik bei bester Bezahlung gesucht. Spätere Übernahme des Labors, provisorische Wohnmöglichkeit. Dentist Neidhart, Techendorf. Telephon: . . ."

„Selbständiger Zahntechniker", wiederholte er leise. Aber er war kein Zahntechniker, und er war unselbständig — seit elf Monaten nicht einmal mehr unselbständig erwerbstätig. Hans hatte keinerlei Ausbildung, er hatte die Mittelschule nach sechs ruhmlosen Jahren an den Nagel gehängt und war Bundesbediensteter der ÖBB geworden. Sein Vater hatte das Unmögliche möglich gemacht, aber auch die geschiente Zukunft hatte Hans, nach dreieinhalb unbeanstandeten Jahren, wie es ein Akt der Verwaltung bezeugte, wieder aus der Hand gegeben. Unter den Dorfbewohnern hatte sein Abschied vom Staatsdienst zu abenteuerlichen Vermutungen Anlaß gegeben: „Rauschgift", erklärte man knapp. Einige hatten von „Veruntreuung größerer Geldsummen gehört, andere von einem Raufhandel mit einem vorgesetzten Kollegen. Wieder anderen schien er für letzteres zu friedfertig, auch zu schwach, für einen Diebstahl etwas zu anständig, für „Rauschgift" zu gesund. Folgerichtig entschieden sie sich für „Alkohol im Dienst". Das konnte jedem passieren. Später, nachdem sich herumgesprochen hatte, daß er freiwillig seine Lebensstelle gekündigt hatte, schüttelten viele noch unverständiger die Köpfe. Das war die Zeit, wo's plötzlich alle wissen wollten. Damals hatten sie damit begonnen, ihm die Schuld aus seiner Unschuld herauszufragen und ihm danach den Jubel aus den Tagen zu prügeln mit ihren Ansichten, Einschätzungen, mit ihren Meinungen. Gemustert und beurteilt, war er schnell als Verlierer entlarvt worden, als Versager (Typ 1984), als Nichtsnutz und Schmarotzer. Aber daran hatte er sich gewöhnt. Auch als schwarzes Schaf, als Fürsorgefall, als Parasit, als Blutegel einer gesunden Wirtschaft war einem das unliebsame Leben noch gut genug. Hans verstand die Aufregung. Da kam einfach einer wie er und sagte: „Ich tu das nicht länger", und dann tat er es auch noch nicht länger. Solchen Leuten müßten die Steuerzahler ihr gutes Geld verweigern; das sicherte ohnehin von Jahr zu Jahr mehr Faulpelzen einen Dauerurlaub. Bei denen drehte sich alles um den harten Schilling. Soviel glaubte er wenigstens zu wissen: er würde nicht wegen des Geldes arbeiten. Das nicht mehr. Bestimmt nicht! Aber wie nach jeder Gewißheit überfiel ihn auch jetzt eine seltsame Vorsicht.

Natürlich würde seine Mutter für ihn aufkommen. Sie bezieht eine kleine Rente, von der zur Not auch zwei leben könnten. Eine Weile wenigstens. Außerdem war seine Mutter froh, daß sie nicht allein war mit ihrem Hund und dem großen Haus abseits des Dorfes. Früher waren ihre Töchter noch dagewesen, aber alle drei waren inzwischen weggezogen und etwas geworden, weil sie geheiratet hatten. Die Mädchen hatten sich Kinder geschenkt, waren mehr und mehr ins Leben eingesunken und vom großen Wasser weggeschwemmt worden. Demütigend sei das, nicht für sich selber sorgen zu können. Seit zwei Wochen, nachdem ihm das zuständige Arbeitsamt den Bezug eines Notstandsgeldes gestrichen hatte, weil er die Stelle eines Fleischergehilfen hartnäckig abgelehnt hatte, seit zwei Wochen war er gezwungenermaßen eifrig auf Stellensuche.

„Maler und Malergehilfen für Innenarbeiten gesucht", las er. „Guter Verdienst bzw. Lohn nach Vereinbarung". Damit hatten die unter seinem Bett aufbewahrten Blätter wenig zu tun. Hans zeichnete und malte seit Jahren, aber es war ihm nie danach gewesen, irgendwelche lyrischen Bildchen auszustellen, die von Ärzten, Geschäftsleuten, Pädagogen — von Warenmenschen gekauft würden. Billige Wohnzimmerdekorationen, signiert, mit Jahreszahl, behangen mit dummen Sprüchen über das Leben ... und zu Bedeutenderem hätte seine Technik nicht gereicht. Die Technik war immer ein Problem.

Hans spürte, wie er die Verständnislosigkeit, die ihm manchmal entgegenschlug, ungebührlich gezielt und ungerecht zurückschleuderte. Also weiter! forderte er sich auf.

„4000.— Schilling monatlich dazuverdienen können Sie bei Meinungsbefragungen in Wolfsberg." Wolfsberg war weit.

„Für gutbürgerlichen Betrieb in Tiroler Unterland zwei versierte Kellner für Jahresstelle gesucht." „Hotel Jagdhaus sucht ab sofort Abwäscher, Kühtai Tirol." — Das war also die vielversprechende Freitagsausgabe der meistgelesenen Zeitung. So würde das weitergehen. Er müßte nur weiterlesen, um sein Vorurteil bestätigt zu finden. Hans tat es.

Hotel Hintertux sucht Kellnerlehrling; Speisenträger wird ab sofort eingestellt; Pensionist oder Student für Tennisplatz; jede Menge Vertreter für Produkte aufstrebender Unternehmen; Buchhalter; Sattelfahrer; Gatterist; Bilanzbuchhalter; Großhandelskaufmann und Vorsorgeberater. Das war's. In der nächsten Spalte ging es um Realitäten.

Wer niemandem etwas andrehen konnte, überlegte Hans, wer nicht freundlich war oder seriös, wer kein Bückling sein konnte und Entscheidungen allein verantworten wollte — für den gab es nichts zu tun. Auf die Vorwürfe der nächsten Sonntagsbesuche würde er wieder sagen, er suche vergeblich nach Arbeit; jeden Freitag lese er als erstes die Stellenvermittlungen im Anzeigenteil. Die Verwandten würden bemerken, daß er sich's zu leicht machte, wo er doch schon zweiundzwanzig war, und daß seine Ausflüchte keine Antwort seien. Antworten, so hatte er gelernt, hatten eben mehr zu sein als irgendeine Reaktion auf Fragen; — nebenbei hatten sie in einem Liebesverhältnis zur Wahrheit zu stehen, darauf kam es an. Aber wenn man um die Wahrheit nicht wußte, wenn man sie nicht einmal kannte wie einen Freund, wenn man nur an ihren Fährten schnupperte, dann? Er würde sich, so schnell wie möglich (und mittels haarsträubender Vorwände, um die er nie verlegen wurde), aufs herzlichste verabschieden. Mutters Klatsch-Onkeln und -Tanten, dachte Hans. Insgesamt hatte sie Hans immer für Störenfriede gehalten, er fand sie engstirnig, engherzig, eng ... eng halt! Er würde ihren Ratschlägen und peinlichen Aufforderungen, wenigstens vorübergehend zu arbeiten, nichts nachkommen können. Wie sollte er Fuß fassen im Bodenlassen? Hans spürte, wie sein Starrsinn überkochte. Den Boden hatte man ihm wirklich besorgt, gestand er sich ein. Schule, Bundesbahn ... Höchste Zeit, die verzweifelten Lügen aus seinen vorsoglichen Verteidigungsplänen zu schütteln: „Wenn ein Herz", flüsterte er zu sich selbst, „wenn ein Herz über den Verstand hinaus schlägt und wie ein launisches Metronom den Schuld- — Rückschlags- — Takt klopft, spricht das noch lange nicht für das Herz." Hans wunderte sich über den sonderbaren Satz, der ihm wie aus fremden Worten zusammengefügt schien, vergaß ihn wieder, schlug die Seiten der Zeitung zusammen und warf sie, nachdem er sie gefaltet hatte, gelangweilt über den Tisch. Vielleicht setzte sich später die Katze darauf. Gut. Einen Augenblick bedachte er mitleidig das abendliche Schicksal der Zeitung, wenn sich die Katze nicht darauf setzte. Wenn das nicht geschah, geschah etwas anderes, auch gut. Verbrannte die Zeitung eben im Herd. Dem Wohl dieser fettigen Papierfetzen war niemand verpflichtet, er auch nicht, diesem wässrigen Sumpfblättchen schon gar nicht.

Hans kratzte sich an beiden Ellbogen gleichzeitig und überlegte, was er mit dem angebrochenen Nachmittag anfangen sollte. Für ausgedehnte Spaziergänge schien es ihm zu spät, und der Versuchung, die über dem ganzen Schreibtisch ausgebreiteten Fotografien zu ordnen, konnte er leicht widerstehen. Das hatte Zeit. Zeit — fiel ihm ein, die hatte er sich so gewünscht, als er noch allen vollwertig vorkam: Zeit für Bergtouren, Zeit für Besuche, fürs Fotografieren, fürs Nichtstun. Zeit haben für alles, was seine Aufmerksamkeit erregte, Zeit haben. Jetzt hatte er so viel davon, daß für alles auch morgen noch Zeit blieb. Trotzdem: Irgendeinen Unsinn mußte man machen, sonst ließ einen die Langeweile nicht ohne Melancholie oder Stumpfsinn zurück. Nur wenn man täglich, nach vorsätzlichen Bruchlandungen, seine Seelensplitter zusammensuchte, abends, wenn das Fernsehgerät ausgekühlt war, nur dann blieb man halbwegs unbeschadet.

„Wo du bist, ist nur Rauch", schimpfte seine Mutter, die plötzlich in der Tür stand. Hans erschrak, faßte sich aber, als er bemerkte, daß sie ihn wirklich nur auf seinen Zigarettenverbrauch angesprochen hatte. „Du hast recht, ich rauche zu viel." Er gestand fast wie ein Kind, das wußte, daß es später „Unurechtes" wiederholen würde. „Arbeit?" fragte seine Mutter. Schnell verband und verknüpfte sie seinen Gesichtsausdruck mit den Antworten vergangener Wochenenden und sagte fast gleichzeitig mit ihm: „Hm, glaub' nicht, na ja." Sie lächelte kurz, zog ihr ernster werdendes Sorgengesicht aus dem Türspalt und schloß leise die Tür.

Nur keine Panik, mahnte sich Hans. Wer zu schnellen Entschlüssen gezwungen war, ließ sich leicht übertölpeln; jeder geschäftstüchtige Dieb, der die „Lage am Arbeitsmarkt" einleuchtend erklären konnte, überzeugte und überrumpelte einen. Ihm würde das nicht passieren, er würde sich hüten vor erpreßten Entscheidungen; er würde sich nicht anpassen, nicht ohne weiteres! Andererseits hatte er gehört von einer Insektenart, die auf irgendeiner windumstürmten Pazifikinsel beheimatet war, und die angeblich nur dadurch ihr Überleben sichern konnte, daß sie ihre Flügel im Laufe ihrer Entwicklung zurückgebildet hatte und solcherart verunstaltet dem Sog ins sichere Ertrinken entging. Die verkümmerten Flügel, die Verkrüppelung, verhinderten, daß diese Tierchen ins offene Meer geweht wurden. Aber diese unheimliche, unerschütterbare Erkenntnis konnte doch niemanden glauben machen, daß man sich verstümmeln mußte, um zu überleben! Außerdem mußte, wer leben wollte, das Wagnis eingehen, nicht zu überleben, unterzugehen.

So sicher darf man eigentlich nicht sein, dachte Hans. Schlimm genug, daß andere bereit, ja redlich bemüht waren, in Kursen für Selbstbewußtsein und Rhetorik zu lernen, wie man Argumente losleinen konnte vom Geruchsinn für die eigenen Dummheiten, Grobheiten und Fehleinschätzungen. Besser, man blieb orientierungslos im Trüben, dann sah man wenigstens nicht alles so erbärmlich klar wie an der Oberfläche. Hans versuchte, sich mit einem Blick aus dem Fenster und ein paar tiefen Zügen an seiner Zigarette von seinen Standpunkten zu befreien.

Draußen dämmerte es. Um diese Jahreszeit wurde es so früh dunkel, daß man schon gegen fünf Uhr nachmittags ungesehen durch die Ortschaft gehen konnte. Seit einigen Wochen spürte Hans, obwohl ihm selten jemand begegnet war, eine Schar unverständiger Blicke in seinem Gefolge, wenn er an Gasthöfen vorbeiging. Deshalb hatte er zuletzt seinen Weg geändert, und er beschloß, sich auch heute den Kirchbach entlangzustehlen, am Friedhof vorbei, um dann über einen Feldweg zu gehen, der am östlichen Rand des Dorfes vorbeiführte. Das Ziel blieb das gleiche: eine junge, geschiedene Frau, Anna, die, mit ihren zwei Kindern alleingelassen, in einem alten Bauernhaus wohnte. Die fragte nicht viel, hielt immer eine Kanne Tee bereit und freute sich über jede Unterhaltung. Anna wußte auch nicht, wie's weitergehen würde. Die zweijährige Tochter war für den Kindergarten noch zu klein, Karenzgeld und Kinderbeihilfe reichten gerade für Lebensmittel, Miete und Strom; das Telefon hatte sie abgemeldet. Alimente kamen unregelmäßig, und hätte sie keine Ersparnisse gehabt, wäre sie die vergangenen siebzehn Monate nicht über die Runden gekommen. Hans hatte ihr jedesmal aufmerksam zugehört, wenn sie von ihrem Mann erzählte, von den Kindern, von früher, er hatte sogar gelernt mitzudenken, wenn Anna Pläne schmiedete gegen ihre aussichtslose Zukunft.

Hans schaute auf seine Zigarette und beeilte sich, den langen, leicht zur Erde geneigten Aschenwurm in die Vase hinüberzuretten, aber der Wurm brach vom Stummel, streifte noch seine Finger und zerstäubte auf einem der Fotos. Hans erschrak. Er bemühte sich diesmal nicht, das betroffene Werk aufzuheben und die Asche wegzublasen, er ließ alles liegen wie es war und überlegte, ob er sein Mißgeschick als ein gutes oder als ein schlechtes Zeichen deuten sollte. Vielleicht gelang es ihm doch als Fotograf zu arbeiten, als Fotoreporter vielleicht, vielleicht gelang es auch nicht, er würde schon sehen. Bis jetzt hatten seine vielen ausgeknipsten Filme nur dem verständnisreichen Einsatz der Kamera genutzt; das war im Grunde hinreichend, aber für eine Anstellung kein Argument. Er stand auf und warf seinen Zigarettenstummel, ohne ihn abzutöten, in den ungeheizten Ofen. Vorläufig gab er es besser auf, hinter das Geheimnis eines möglichen Erfolges zu kommen; einer sinnvollen beruflichen Zukunft kam man nicht eben leicht auf die Schliche.

Unentschlossen griff er nach seiner Strickjacke, gleichzeitig suchte er absichtslos nach einem Vorwand, der seinen Besuch bei Anna einigermaßen erklärte und rechtfertigte. Im Grunde bestand kaum Anlaß, zu gehen. Die alten Beweggründe, die Motive, jemanden zu besuchen, konnte er seit Wochen nicht wiederbeleben, wollte es auch nicht. In letzter Zeit war er nur „raus" gegangen, und manchmal war er dabei aufgewacht, verwirrt über einer Schale Tee und in Annas müden Augen.

„Ich geh' jetzt!" rief er seiner Mutter durch die geschlossene Tür in das Wohnzimmer zu. Verständlicherweise wollte sie wissen, wohin. Hans hätte es vielleicht selber gerne gewußt, aber viel lag ihm nicht daran, eine Stunde vorauszudenken. „Ich weiß nicht, ich — also ich geh' jetzt", stotterte er entschlossen, „zum Nachtfilm bin ich wieder zu Hause." Die Eingangstür knarrte, bis sie ins Schloß fiel.

Draußen kühlte Hans die Hände an einem Schneeball und spürte, wie umsichtig und heimlich der Frost hinter seinen Fingernägeln einstieg. Er beobachtete gerne, wie die Kälte jede Gelegenheit nutzte und sich langsam, aber beharrlich in allen Fingern festbiß. Hans durchschaute das. Deshalb ließ er es geschehen, solange er Freude hatte, die Schmerzen zu berechnen, die seinem Spieltrieb hinterherhinkten; deshalb brach er seine Forschungen erst ab, wenn ihm die Folgen seiner Neugier schon weh taten. Abgesehen von einer leichten Erfrierung hatte das Spiel auch ein Gutes: Man spürte, daß man wahrscheinlich noch da war, daß man seinen Tod noch bewirten konnte.

Schnee! Plötzlich knirschte Schnee unter fremden Schuhen. Schwere Schuhe mußten das sein, Bergschuhe vielleicht, wie sie einer der benachbarten Bauern trug. Hans hob seinen Blick von den Fingern; der Schneeball fiel ihm aus der Hand, als er seine Vermutung bestätigt fand: Lois — nur noch fünf Meter von ihm entfernt. Schneewände an beiden Straßenseiten, keine Abzweigung, kein Seitenweg, nicht mal sein Hund, nach dem er hätte rufen können. Er mußte an ihm vorbei. In der Eile entschied er, Lois heute nicht zu grüßen. Möglicherweise war es dem unangenehm geworden, daß er ihn immer noch grüßte. Bei den vergangenen acht Zusammentreffen war Lois an ihm vorbeigegangen, ohne eine Hand zu heben, ohne zu nicken, ohne irgendein Wort; nur ein Räuspern hatte der übrig, wenn er an ihm vorbeiging, wie gerade jetzt. Hans wartete im Gehen. Das Räuspern stellte sich ein, später als sonst, kürzer und leiser, außerdem überraschte, daß sich das Räuspern nicht wie gewöhnlich nach ein paar Schritten wiederholte. Nur aus seinem eigenen Kopf flatterte es wieder und wieder in sein Ohr und blieb, bis die schweren, gleichmäßigen Schritte nicht mehr zu hören waren. Zwischen den Schulterblättern blieb es länger. Im Nacken auch.

Hans hatte nicht gegrüßt. Er überlegte, ob damit die äußere Form ihrer künftigen Begegnungen geregelt sei und endgültig besiegelt, oder ob ihm Lois schon beim nächsten Aufeinandertreffen Unhöflichkeit vorwerfen würde. Am Straßenrand griff er in den hüfthohen Schnee. Er formte einen kleinen, festen Ball, legte ihn auf die Straße und rollte ihn vorsichtig zwischen den Schuhen hin und her. Er schubste ihn vor die Schuhe, stubste ihn zwischen den Schuhen und schubste ihn wieder vor die Schuhe. Als er ihn eingeholt hatte, hätte er ihn am liebsten zertreten, aber im entscheidenden Moment zog er seinen Fuß an und ließ den Ball hinter sich liegen. Einmal drehte er sich nach ihm um, bedauerte kurz die nutzlos gewordene weiße Kugel auf der schmutzigen Schneefahrbahn, dann stolperte er weiter.

„Tag, Verehrung!“ grüßte der Seelsorger aus einem Fenster des Pfarrhofes. „Wie geht's? Hast du schon Arbeit? — Das ist aber schlecht!“

gerhard moser

heimkehr

heimat bist du großer söhne . . .
wos a student oder a schüler is, dos sieg i schon von da weitn. de kennan jo in da schul gonz guat sein, beim lernan, oba a bissl teppat san sie olle. so wie de in hainburg, dos konnst da jo gor nit vurstelln. unsa ana, der orbeitet des gonze johr, de fohrn zu weihnochtn in de au, durt feierns nocha. zum fressn hobns olles umsunst, zum saufn a, und a mess werd senan a noch glesn. do hert sich jo olles auf!"

heimat bist du grober söhne.

„ich bin ja nicht so wie meine hochgestochenen freundinnen: nur geld ist wichtig und daß es aus gutem hause kommen soll. ich rede schon auch mit den arbeitern meines vaters und setze mich mit ihnen an einen tisch. das macht nicht jede!"

heimat bist du großzügiger töchter.

daß es menschen geben soll, die die heimat wie das hemmat wechseln, ist eine der lügen aus dem „volksmund". immer, wenn ich mit dem zug zuerst über den semmering, dann über den neumarkter sattel fahre, wird mir mulmig. ein kribbliges gefühl in der magengrube, auch dann, wenn ich nicht die ganze fahrt im speisewagen verbracht habe. nicht zuletzt hat es etwas mit angst zu tun. ich sehe beim abteilfenster hinaus. friesach, st. veit, klagenfurt. im sommer baden sie im wörthersee, im winter laufen sie schlittschuh. villach. auf den ersten blick hat sich nichts verändert. das transparent am bahnhofsplatz, das die eishockey- und fußballspiele ankündigt, wurde inzwischen mehrmals gewechselt. aber das war es schon und ist es wieder einmal.

zwischen hauptbahnhof und evangelischer kirche liegt nach wie vor die draubrücke und der hauptplatz. nicht mehr und auch nicht weniger. ob ich in villach beheimatet bin, mich hier heimisch fühle? das frage ich mich jedesmal, wenn ich den großen koffer dahinschleppe. aber wer ist hier schon heimisch?

sicher, wenn man das studium abgeschlossen hat, wird man lobend in den stadtnachrichten erwähnt. rubrik „von einem, der auszog ...“ und diese notiz ähnelt in all ihrer feierlichkeit der verleihung der staatsbürgerschaft, denn in dasselbe blatt werden alle geburten eingetragen. dann ist man wohl oder übel beheimatet worden.

die wirklich beheimateten, die sich auf anhieb und ganz unverschämt heimisch fühlen, das sind die touristen, die die asphaltierten gehwege an der drau frequentieren. dabei sind diese — die gehwege — eigentlich der besänftigung des volkszorns ob der kastration des flusses gewidmet. das sind diejenigen, die die stadtpfarrkirche fotografieren, mit ihrer „teutschen“ inschrift am zubau, und die auch sonst jeden straßenköter ablichten, der sein bein hebt.

das sind diejenigen, die sich wundern, daß eine so kleine und liebreizende stadt solch ein kulturelles service bieten kann, wo sie doch ohnehin schon so viele seen rundherum hat.

beheimatet sind auch die menschen aus den „ökonomischen einzugsgebieten“ rund um die stadt, aus dem gail-, drau- und rosental. denn für diese hat man ja die supermärkte hingebaut, wo sie ihr die ganze woche über sauer verdientes geld lassen. dafür wird ihnen alles eingepackt. vornehmlich das, was sie ohnehin nicht wollten. wenn die touristen und die eingezogenen wieder abgezogen sind, dann sind wir beheimatet.

nur wo? die supermärkte zu, moskauer kammeroper spielt jetzt auch keine mehr auf. (vielleicht fällt gelegentlich ein abstecher der „münchner tournee“ ab.) aber da sind mir die „komödien des lebens“ noch lieber.

wenn alle heimischen wieder weg sind, wird in den gasthäusern wieder munter kärntnerisch geredet. dann sind diejenigen die fremden, die geblieben sind, die immer bleiben werden. diese fremden sind sofort verdächtig, werden schnell stumm, wenn die intoleranz in einem der heimeligen gasthäuser wild um sich greift. die kultur wird zugleich mit den sommergästen heimgeschickt, und ab heute nimmt sich keiner mehr ein blatt vor den mund.

sich heimisch fühlen und hämisch grinsen.

es gibt aber auch ein villach, das den lieben sommer- und wintergästen unbekannt ist. das denjenigen, die den lieben gästen einen reibungslosen aufenthalt garantieren, bekannt sein sollte, das sie aber wohlweislich verschweigen. ein villach, von dem in den bürgerhäusern nicht gesprochen wird. ja es gibt so etwas wie ein geographisches tabu und soziale marginalie in einem.

noch vor kurzem befand sich an der jakob-ghon-allee, wo heute arbeitsamt und finanzamt in wilder und geschmackloser ehe leben, mit der wildbachverbauung als ländlichem hausfreund, eben an dieser allee stand ein barackenlager, ein ghetto der heimisch deklassierten. reichlich platz und raum für kindliche phantasien und okkulte spekulationen. uns kindern wurde der umgang mit den „barackenkindern", den stürzlern, verboten. ich traf sie erst als beinah-erwachsenener in ihren gasthäusern. als sich phantasien und spekulationen nahezu bewahrheiteten — in form eines fürchterlichen frauenmordes vor einigen jahren —, wurden die baracken abgerissen. heute stehen dort niedriggeschossige häuser, die den sozialen wohnbau der achtziger jahre verkörpern sollen. unmittelbar neben dem ehemaligen ghetto und über die gesamte standperipherie verstreut entstanden und entstehen aber neue ghettos, die der arbeiter und staatsangestellten. in einem davon wohnt ein ehemaliger bürgermeister der stadt, zu dessen ehren auch die brandschutzübungen im haus stattfanden. er war der einzige, den sie mit kran und feuerwehrkorb aus einem höheren stockwerk des zwölfstöckigen hauses abholten. ich war damals dreizehn, und mir war klar, daß sie im ernstfall auch nur einen aus dem inferno holen würden. diese manhattans und trabantenstädte, wie sie auch immer heißen mögen, die die ästhetische gestalt der städte und noch mehr die solidarität unter ihren bewohnern zerstören — architektonische verkörperung politischer partikularisierungs- und differenzierungsstrategien —, haben das traditionelle erscheinungsbild „proletarischen wohnens" auch in villach abgelöst, haben die geschichtsreichen arbeiterburgen, wie die „neue heimat"-siedlung in lind oder den „engelhof", der ein wenig an den wiener „karl-marx-hof" erinnert und den sie auch in trümmer schießen wollten, verdrängt.

dieses versteckte villach — von wem, vor vem und warum? — diese ghettos in einer zeit der integration und partnerschaft, einer ära, in der die stadtregierung den bürgern ihre ideen abverlangt, weil sie selbst keine mehr hat, dieses villach ist meine heimat. und die in den ghettos wohnen, das sind die roten, was zumeist auch stimmt. nur wissen es nur noch wenige von ihnen, dafür wissen es aber diejenigen, die in den eigentumswohnungen und eigenheimen hausen umso besser, deklamieren die erkenntnis mit verschwörerisch gesenkter stimme. am meisten zu hause fühle ich mich in den gasthäusern der roten. im parkhotel und im warmbaderhof findet man sie ja nicht, soviel standesbewußtsein haben sie doch noch. obwohl das bei den jüngeren schon nicht mehr so genau ist.

auch die stadtregierung tut ihr möglichstes und bestes, um die klassengrenzen zu verwischen. zwei dieser einigenden und grenzüberschreitenden maßnahmen sind der jährliche fasching und der kirchtag. an diesem festtag — strategie: brot und spiele — ist ein echter villacher standesgemäß betrunken und noch dazu ausgelassen fröhlich. das ist selbstverständlich: weil sonst ist er ja kein echter villacher nicht.

an diesen festtagen sind alle villacher und villacherinnen zu gleichen teilen und auch mit demselben erfolg beheimatet. sowas stärkt das zusammengehörigkeitsgefühl unter der bevölkerung. und ehrlich, ohne feigenblatt vor dem mund: die migräne der bosse und feinen damen ist dem hundsgemeinen proletenkater gar nicht so fremd. nur daß die migräne bei ersteren zumeist einzelerscheinung bleibt, bei letzteren aber steckt schon das gesetz der serie dahinter, und das hat seine guten gründe. an diesen festtagen jedenfalls ist jeder, mit ausnahme der notorisch fremden, beheimatet.

was das restliche jahr über geschieht, wird ja auch nicht auf der schön bebilderten anschlagtafel des pressedienstes des magistrats ausgestellt.

ist auch besser so. denn wer ginge noch am hauptplatz einkaufen, sähe er auf besagter anschlagtafel in farbbildern, wie die emigranten auf der fellach, oder die zeitungsverkäufer in ihren miefigen zimmern, oder die mindestrentnerinnen in ihren armseligen keuschen hausen. die werden genauso versteckt wie andere „verträumte flecken“ der anmutigen kleinstadt.

und gerade deshalb — aus gründen der ehrlichkeit — fühle ich mich unterm jahr in den gasthäusern der versteckten heimischer als an den tagen verordneter fröhlichkeit.

denn, als ich an „heimat“ in dieser stadt beinahe gestorben bin, war das auch so ein verordnetes bacchanal.

„der tod ist ein meister aus deutschland“, sagt paul celan nach auschwitz. nahezu alles, was celan sagt (und ich kenne), finde ich einfach wunderschön. am besten aber gefällt mir seine büchner-preis-rede, wo er über den lenz sagt: „wer auf dem kopf geht, der hat den himmel als abgrund unter sich.“

celan hat mit kärnten und villach vorderhand wenig zu tun. etwas mehr dafür der herbert achternbusch, das bayrische kind in hollywood, und der sagt: „in bayern sind 60 % der bevölkerung anarchisten, und die wählen alle die csu.“ bayrische anarchisten kenne ich keine, csu-wähler kann ich mir gut vorstellen.

damals war der tod jedenfalls ein meister der „deutschen volks- und kulturgemeinschaft“, in die wir ja auch beheimatet werden sollten, als der ötb mit zehntausenden turnern und turnerinnen im sommer des jahres 1981 die stadt, und nicht nur die einschlägigen gasthäuser, besetzte und mit deutsch-nationaler rhetorik braunes gedankengut verbrämte, bei einem redewettbewerb.

ich habe mir gedacht, so geht das nicht weiter, und dann habe ich es doch so recht und schlecht überlebt und habe mir gedacht: so schlimm ist es ja doch nicht. immerhin gibt es in dieser stadt noch eine studiobühne und andere initiativen, die wissen, was toleranz und aufklärung bedeutet, bis mir klar wurde, daß man diese doch nur, wenn nicht gleich finanziell aushungert, im abseitigen eck versteckt und belächelt, ganz wie die anderen „verträumten flecken“.

wenig später fand ein u-boot-fahrer-wiedersehenstreffen statt, diese apokalypse im dienste der völkerfreundschaft, in einem kongreßhaus, in dem später wieder die „drahdiwaberl" spielen sollten. als ich zum letzten mal den kopf vom heimeligen totenblatt erhoben habe, bin ich diejenigen suchen gegangen, die das andere villach gesucht haben und noch suchen.

viele sind schon abgehauen, manche für immer, doch einige sind auch geblieben, kommen immer wieder zurück und fluchen immer noch kräftig, wenn sie in der stadtbücherei wieder nichts zu lesen finden ... das andere villach, wo das wohl liegen mag?

die heimat, ist sie wirklich so gut versteckt?

das andere villach, wo man das wohl finden mag?

sicher nicht im neuen „stadtkino".

CLAUDIA ODEBRECHT

Und es wird ein Morgen geben

Oh, wie ich sie alle hasse, die Eingebildeten, falsch sind sie, falsch sind sie alle, wie Schlangen. Sie umgeben dich und wollen ein Stück von dir. Stefan war auch falsch, jetzt, wo ich voll mit Problemen bin, jetzt, wo ich einen Freund brauchen würde, jetzt ist er nicht da, jetzt ist er zu beschäftigt. Oh, wie ich ihn hasse, das einzige, was ich nicht hasse an ihm, das sind, nein, das waren seine Augen. Seine Augen, die mir immer Mut gegeben haben, die immer bei mir waren, die aber jetzt weit von mir entfernt sind, weit weg, wie ein fernes Land, unser Zukunftsland, unser Land. Hoffentlich geht es ihm jetzt gut, nein, schlecht soll's ihm gehen, damit er weiß, was er an mir verloren hat. Ich bin immer für ihn dagewesen, ja damals, damals als wir noch ein Herz und eine Seele waren, damals, als alles wie in einem Märchen begonnen hat, ich erinnere mich genau, an jede Einzelheit, jetzt muß es einfach auch so gehen, ohne ihn, man muß das Leben nehmen wie es kommt, man muß es einfach leben, ja, es bringt mir Stefan nicht mehr. An was soll ich denn denken? An meine schlechten Noten? Mir kommt es so vor, als würde man mich jetzt allgemein mit „Nicht genügend" beurteilen. Alles geht schief, aber auch alles. Oh, wie ich sie alle hasse, wie ich sie alle hasse.

Idole

Tanzen kann ich nicht wie Fred Astaire, singen nicht wie Elvis, und theaterspielen kann ich auch nicht, ich bin nicht Romy und nicht Indira Gandhi, und das größte Übel ist, ich sehe kein bißchen Marylin ähnlich. Ist Stefan deshalb gegangen? Ist er deshalb von mir gegangen? Wer bin ich eigentlich? So viele Menschen stehen über mir, im Rampenlicht, in den Zeitungen, wer bin ich, eine von 4,6 Milliarden, eine von so vielen, ich falle ja gar nicht auf, es würde nicht einmal auffallen, wenn ich nicht mehr da wäre, naja, Mutter würde ein paar Tränen um ihre Tochter weinen und beten, daß ich in den Himmel komme, Stefan würde nicht einmal weinen, Buben weinen ja nicht, sagen wir lieber: Männer dürfen nicht weinen, was Stefan betrifft, der hätte schnell eine andere, eine von denen, die nur so darauf gewartet haben, daß er frei wird. In einigen Wochen wäre ich in keinem Gedächtnis mehr, die Blumen am Grab würden verwelken, die Kerzen erlöschen, dann bin ich alleine mit den vielen anderen am Ort der letzten Station des Lebens, am Friedhof neben der kleinen Kirche. „Hier ruht in Frieden." Wissen die, was Frieden ist? Oder noch besser: „Plötzlich ist sie von uns gegangen." Haben die nicht bemerkt, daß ich dahinvegetiere, haben die nicht bemerkt, daß ich schon monatelang nicht mehr eine von ihnen war, haben die es nicht bemerkt? Wie blind sie doch alle sind, doch Grabsteine können sie alle lesen! Meine Schwester könnte nun doch endlich ein eigenes Zimmer haben und Mutti könnte sich viel Geld ersparen, ich esse ja viel, Kleider brauche ich auch, ja es ist gar nicht so einfach ... Ich hasse diese falschen Trauernden, die wie aufgezogene Roboter zu weinen beginnen, ich hasse sie, ich hasse sie alle, ich hasse die ganze Welt.

Tagebucheintragung
25. Mai

1985, ich hasse dich! Gerade eben hatte ich eine kleine Streiterei mit Mutti, die raunzte mir wieder etwas vor, wie wenig Geld wir hätten, kein Geld für ein Mofa, lieber Gott, warum gerade sie, alle Eltern haben Geld dafür? Lieber Gott, was soll ich tun? Ich finde das einfach ungerecht. Momentan geht es mir nicht gut, warum, 1985, bringst du mir niemanden, den ich mag, der mich mag, ich verstehe das nicht?

Marions kleine Schwester steckt den Kopf ins Zimmer.

„Marion, einen schönen Gruß von Stefan soll ich dir ausrichten, er ruft dich heute an."

„Du hast ihn getroffen?"

„Ja, am Alten Platz, mit dieser komischen, mit der, ich glaube, die heißt Gaby."

„Ja, danke, das ist sicher die Gaby gewesen."

Was, er ruft mich an? Mich und nicht Gaby? Er hat es sicher mit ihr ausgemacht. Habe ich nicht noch Ansprüche auf ihn, mit dem ich ein Jahr gegangen bin, mit dem ich ein Jahr alles gemacht habe, jetzt, jetzt lebt jeder sein eigenes Leben. Jetzt muß ich einmal nachschauen, wo habe ich es denn gleich — ah da!

1. August 84

War mit Stefan im Strandbad. Ich glaube, meine Welt ist derzeit voller Farben. Stefan ist super, ich mag ihn sehr. Wir trafen auch Michi und Sabine. Hatten viel Spaß miteinander. Ein Leben ohne Stefan — nein danke! Kann ich mir auch gar nicht mehr vorstellen.

24. September

Habe von Stefan einen Ring bekommen. Super! Unsere Eltern schmiedeten heute Pläne für einen gemeinsamen Urlaub.

30. Jänner

Unser Jahrestag. Stefan ist heute so komisch zu mir. Werde mit ihm einmal reden müssen.

25. Mai

Oh, liebes Tagebuch, ich weine. Ich kann mir noch immer nicht vorstellen, daß es AUS ist.

Weg mit dem Tagebuch, aus ist aus, es ist aus, versteht du das, Marion? Ich habe einen Fehler gehabt, ich weiß, mein größter Fehler ist die Geheimnistuerei gewesen, ich habe immer gerne Geheimnisse gehabt, ich, ich habe mir selber Geheimnisse gemacht, und die habe nur ich gewußt und die haben mich innerlich aufgefressen, man kann sich das nicht vorstellen, ein anderer würde mich auslachen, aber ich habe es schön gefunden, Geheimnisse zu haben. Dies ist wohl mein größter Fehler gewesen, und ich habe es gewußt, ich habe es gewußt, die ganze Zeit! Bin ich nicht selber schuld? Ich? Ich bin, ich weiß, ich bin komisch, Stefan ist der einzige gewesen, der mich gekannt hat, kann man das eigentlich sagen? Kenne ich mich, wer bin ich? Ich bin wohl nur ein durchschnittlicher Mensch mit Problemen. Aber Probleme sind doch vergänglich, oder? Sabine hat es mir oft gesagt.

Eine Welt in Farben

Marion legt sich wieder auf ihr Bett und, sie will sich dies zwar nicht eingestehen, wartet auf den Anruf. Doch sie ist auch optimistisch. Jetzt möchte ich im Schlaraffenland sein, gibt es so etwas überhaupt? Mit rosa Elefanten und himmelblauen Regenwürmern, mit einem leuchtenden Himmel und einer Sonne, die selbst die stärksten Wolken nicht verdecken können. Mit wunderschönen Melodien, vielleicht ist dieses Land hoch über den Wolken, und dann würde ich auf die graue Betonwelt herunterschauen und lachen, ganz laut lachen, hysterisch lachen, daß sich die Menschen die Ohren zuhalten müßten. Ich würde lachen über die Comicfiguren, doch es werden andere lachen, ich höre sie, wie sie lachen beginnen, sie lachen fürchterlich. Ich bin hier, stehe auf der Welt, und es geht mir schlecht, ja, momentan geht es mir ja ganz gut, denn ich bin voller Hoffnung, Hoffnung, die jeder zu jeder Stunde haben kann. Ich hoffe, daß ich mit Stefan im Schlaraffenland sein werde, Hand in Hand, Schritt für Schritt mit ihm durch das Land gehen. Und weil ich hoffe, träume ich von dort oben, doch Träume sind Schäume, ich weiß. Eine schöne Illusion! Ich träume oft, welch Glück, so bin ich wenigstens manchmal voller Hoffnung. Wenn ich mich zeichnen würde, müßte ich mich als einen kleinen schwarzen Fleck zeichnen. Was bin ich schon? Ein Häufchen Elend, welches von dort oben träumt.

Marion beginnt zu weinen, sie weint bitterlich. Stunden vergehen und sie wartet noch immer auf den Anruf, der doch so viel verspricht. Wiederum quälen sie Gedanken.

Das friedvolle Nirwana

Alle stürzen sich auf mich wie Hyänen, jetzt, wo mein Kopf voll mit Problemen ist, wollen sie alle etwas von mir, jetzt, wo sie sehen, daß ich bald am Ende bin, früher war ich für sie alle Luft, eine der vielen Selbstverständlichkeiten auf dieser kalten, rauhen Welt.

Meine Hände sind ganz feucht, mir ist kalt. Ich möchte wie der Big Ben sein: hoch über den Menschen und sie würdevoll ansehen. Und ich würde mir denken: Was für ein komischer Zeiger, sie gehen nicht in eine Richtung, sie sind wirr. Deshalb blickt der Big Ben in London auch nicht auf die Menschen herab, sondern geradeaus, dem Wasser entgegen. Ich möchte auch so sein wie diese Uhr, möchte alle Gitter sprengen, all die Menschen vergessen, die auch mich vergessen haben, und, wie uns unsere Religionslehrerin erzählte, eingehen in das Nirwana, das wünsche ich mir. Ich würde gerne fliegen können, hoch über dem Horizont, wie die Möwe Jonathan, ich müßte mir dann nicht die toten Bäume, die charakterlosen Menschen, die hungernden Knider und die sterbenden Alten ansehen, und ich müßte nicht die verpestete Luft in mich einatmen. Oh, 1985, was hast du mit der Welt noch vor, was hat man mit dir schon angerichtet? Ich möchte etwas finden, ich weiß zwar nicht was, aber ich suche nach etwas, was ich noch nicht gefunden habe, ist es Stefan? Suche ich seine Liebe? Nein, ich glaube nicht. Ich weiß es, ich weiß es genau. 1985 bringt mir meinen Stefan nicht, auch wenn ich heute wieder hoffen darf. Hoffe ich nur, weil er gesagt hatte, daß er mich anruft?

26. Juni

Stefan hat doch angerufen, gerade als ich bei Sabine war. Aber er sagte, daß er morgen noch einmal anrufen wird. Gerade in dem Augenblick mußte ich zu Sabine gehen, ich ärgere mich. Was will er nur von mir? Ist es aus zwischen Gaby und ihm? Morgen schreibe ich weiter.

Rosa Klagenfurt

Glühende Hitze über Klagenfurt. Die Luft vibriert. Marion trägt eine enge Jean und ein weißes T-Shirt. Sie schlendert durch die Straßen, beim Lindwurm vorbei, Richtung Alter Platz, zu jenem Platz, auf welchem sie Stefan kennengelernt hatte. Doch daran denkt sie gar nicht. Sie geht weiter, immer der heißen Sonne entgegen, sie zieht ihre Schuhe aus. Leise beginnt sie ein Lied nachzusingen, welches sie am Morgen im Radio gehört hatte. Dann, vor dem Landhaus, verwandelt sie den Alten Platz in eine Bühne. Sie beginnt sich ein bißchen zu drehen und vor sich hin zu summen. Sie dreht sich immer stärker, bis sie richtig zu tanzen beginnt. Sie tanzt, und ihre Füße tun ihr auf dem rauhen Steinboden gar nicht weh.

Jemand packt sie plötzlich am Arm. Mit großem, erstauntem Augen sieht sie ihn an. Er ist es.

„Ich möchte tanzen!"

„Ich möchte aber mit dir reden, Matschi."

„Siehst du nicht, daß ich glücklich bin, ich bin glücklich, Stefan, ich bin wieder einmal sehr glücklich."

Er zieht sie jedoch heftig zur Seite.

„Tu mir nicht weh."

„Ich werde mich kurz fassen, Marion, aber ich wollte dir schon immer einmal sagen, daß du eine Wucht warst, du warst das beste Mädchen in der ganzen Stadt, ich war stolz auf dich, sehr stolz. Ich mochte dich. Doch nun frage ich mich, wie kann sich meine Matschi so verändern, bist du noch die, die ich gekannt habe? Du hast dich verändert, du grübelst oft stundenlang vor dich hin und machst aus kleinen Problemen ganz riesige. Das wollte ich dir einfach einmal sagen . . ."

. . . Die Sonne kitzelt Marion, und sie erwacht. Verschlafen reibt sie sich die Augen und geht durch das Zimmer. Wo ist er? Ich habe doch nur geträumt? Es war so heiß in der Stadt. Ach! Als sie sich die Augen reibt, merkt sie, daß sie ganz naß sind. Ich habe geweint! Dann merkt sie, daß auch ihr Polster ganz naß ist.

27. Juni

Stefan hat noch immer nicht angerufen. Heute Nacht habe ich geträumt, natürlich von ihm, es ist aber schlecht ausgegangen. Sind Träume nur Schäume? Heute werde ich sonst nichts besonderes machen, ich bin zu faul. Auch zum Schreiben habe ich keine Lust mehr, am liebsten wäre ich tot, es können mich alle einmal!!

Spielt mir das Lied vom Tod

Ich schreibe mir mein eigenes Requiem, das Lied vom Tod, schwarz und voller Trauer, mit unheimlichen Tönen, gespenstisch soll es klingen, daß sich die Geister im Grabe umdrehen, mein eigenes Requiem, spielt mir das Lied,

spielt mir das Lied vom Tod, es ist meines, denn ich will sterben!

Donner! Blitze!

Tränen sollen an meinem Grabe fließen, wie die Tropfen aus einer Quelle,

und es soll dieses Requiem gespielt werden,
ein Lied über den Tod!
Ich habe keine Angst zu sterben, denn an meinem Grabe
erwacht neues Leben durch mich, durch mich,
Blumen sollen blühen in allen Farben des Regenbogens,
alle sollen ein Schauspiel spielen, wie sie es doch immer tun,
alle sollen trauern, in schwarzen Anzügen und Hüten,
dann kann jeder von ihnen sagen:
„Die habe ich auch gekannt."

SELBSTMORDVERSUCH EINER SCHÜLERIN

Marion K. wollte vom Stadtpfarrturm springen. Sie wurde von vorbeigehenden Passanten beobachtet, die rechtzeitig eingreifen konnten. Die Gründe sind noch unbekannt.

Einige Zeilen in einer der Tageszeitungen. Marion kam nach ihrem Krankenhausaufenthalt in eine Psychiatrie.

Eine Nummer zu sein

Man wird mich hier vergessen, die vielen da draußen,
ich bin nur noch eine Nummer, 315,
wie am Fließband, sind so viele hier, daß ich 315 habe?
Ich bin eingesperrt, hinter Gittern.
Wie ich mich fühle?

Was geht das die an, die kommen nur mit Spritzen und machen mich wahnsinnig. Ich habe gewartet, ich habe auf ein Glockenzeichen gewartet, auf die Stimme von Stefan, aber warum — es war so hoch, ich hörte ihn unten an der Straße, ich hörte ihn, seine Stimme —

Ich hasse weiß! Ich weiß nicht einmal, wo ich hier bin. Das einzige, was ich weiß, ist, und darauf bin ich eigentlich sehr stolz, daß ich eine Nummer bin, Nummer 315. Ja, ich bin richtig stolz, ich bin eine Nummer, jetzt weiß ich endlich, wer ich bin. Wie man sich als Nummer fühlt? Beschissen.

3-1-5 man sagt es mir so oft:
Nummer 315 ist depressiv,
Nummer 315 bekommt jetzt eine Spritze,
Nummer 315 bitte jetzt nicht mehr stören,
Nummer-Nummer Nummer 315,
eine Frechheit!
Ich bin keine Nummer in einem Katalog,
ich bin kein Blatt in dem Buch des Doktors,
ich bin nicht 315, aber wer bin ich dann?

Manchmal glaube ich, die haben mich in diesem Loch vergessen,
doch dann tauchen sie wieder auf, alle fünf,
und ich bekomme Spritzen, Spritzen,
meine Arme schauen aus wie die eines Fixers.
Ich habe die Spritzen nicht gezählt.
Scheint die Sonne draußen?
Regnet es draußen?
Ich werde die weißen Männer fragen, nein,
die reden ja nicht mit mir, mit der Nummer 315.
Ich werde flüchten, ausbrechen,
dorthin wo der Regenbogen beginnt und es die bunten Vögel gibt, die mir meine Großmutter immer geschildert hatte.
dorthin, wo man frei ist, ich möchte wieder auf die Welt zurück, dort, wo die Menschen leben.
Ich bin hier unten nur eine Nummer, wer kann mir dieses Gefühl nachfühlen?
Keiner?
Es ist so, als würde man ständig den Stempel am Postamt hören, Nummer 315!
Ich bin eine Nummer, abgestempelt und gekennzeichnet für mein Leben.

Marion ist erst einen halben Tag in der Anstalt, als plötzlich ein weißer Mann in den Raum kommt und sagt:

„315, Sie haben Besuch. Bitte folgen Sie mir."

Marion steht auf, gedankenlos, hilflos, traurig. In Trance geht sie die langen Korridore entlang, immer hinter dem weißen Mann her. Links und rechts sieht sie Zimmertüren mit Nummern, 310 - 309 - 308 usw. Mit gesenktem Blick folgt sie dem weißen Doktor. Dann kommt sie in einen großen Raum, der eine Gitterwand beinhaltet. Man zeigt auf einen Sessel, die setzt sich, und plötzlich, ihre Augen vergrößern sich, ihre Hände beginnen zu zittern, ein Kribbeln durchzieht ihren Bauch, und plötzlich wie aus dem Nichts, sie weiß nicht, ob es Wahrheit oder ein Traum ist, sieht sie ihn, dastehen, mit einem Lächeln im Gesicht, mit einem Lächeln, das ihr wieder Mut gibt. Sie kann es nicht begreifen, es ist Stefan. Er setzt sich ihr gegenüber, er sucht ihre Hände durch die dicken Eisenstäbe, er umschließt sie. Er fühlt, wie ihre Hände zittern, ihre Augen beginnen zu leuchten, sie drückt seine Hand fest, immer fester, so, als hätte sie Angst, er könnte sie wieder loslassen.

WILHELM RABITSCH

Brief an die Menschheit

Es fing alles damit an, daß ich mich eines Tages — ich weiß nicht, was so schön an diesem Tage war — ein wenig mit Kunst beschäftigte und infolgedessen irgendwie über alles, was mein Dasein anbelangte, nachzudenken anfing. Hier begann mein Übel, meine Karriere als Außenseiter, von den anderen verschrien als allzu kritisch, als destruktiv. Ich öffnete ihnen die Augen, und das paßte ihnen nicht. Egozentrisch gesagt: Ich war zu intelligent für eine Gesellschaft von lahmen Ärschen mit rosa Brillen. Sie freuten sich über ihr Leben — über ihre Art zu leben —, und deswegen haßte ich sie. Noch mehr haßte ich sie, wenn sie mich unter allen Umständen wieder in ihren Kreis aufnehmen wollten, aber nur um mich sozusagen umzuerziehen, um mich wieder in die rechten Bahnen zu leiten, mich Ärmsten, der ich ja ständig eine Rasierklinge bereit hatte, um mir die Pulsadern aufschneiden zu können — das dachten sie —, und ich ließ mir das auch wohl oder übel gefallen, denn ich ertrug es auf die Dauer nicht, ständig ein Einzelgänger zu sein. Der Mensch braucht nun mal Kontakte, auch wenn er es nicht zugeben will. Doch irgendwie wollte ich meine Identität bewahren — was heißt da Identität, so ein Schwachsinn — ich wollte meine Individualität behalten. Ich wollte nicht ein Schaf in dieser riesigen Herde sein. Wenn schon, dann wenigstens ein schwarzes, oder sagen wir lieber ein graues, aber immerhin in der Herde, und mich durch mein Äußeres von den anderen unterscheidend. Also gab ich mich, dem Beruf meines Vaters entsprechend, als Erzkapitalist, und ich kam mir dabei beschissen vor, denn wäre ich der Sohn eines Arbeiters gewesen, hätte ich mich zum Sozialisten entwickelt und auch nicht daran geglaubt.

Politik war mir damals auch ziemlich egal. Ich war der Ansicht, daß jedes System daran scheitert, daß es an Menschen angewendet werden muß — und Menschen sind egoistisch und käuflich —, mich schloß ich selbstverständlich nicht aus. Der Kapitalismus schien mir da noch am ehrlichsten. So denke ich heute noch.

Also war ich jetzt ein Kapitalist, der erste in der Clique, von allen anerkannt, sozusagen mit Copyright. Es war recht amüsant, denn ich warf mit Parolen um mich, von wegen Menschen und Arbeitern usw. und wurde immer als der Böse hingestellt, als der zukünftige Ausbeuter, aber ich wurde geachtet, ausnahmslos, ich war ein notwendiges Mitglied dieser Biozönose. Ich artete sogar zu einer Art Führerpersönlichkeit innerhalb einer kleineren Gruppe aus. Später ging ich sogar so weit, meine Ideen auch im Rahmen des Unterrichts und in Schularbeiten zu äußern. Dadurch machte ich auch die Lehrer auf mich aufmerksam. Ich, der Snob; das fand ich irgendwie ganz unterhaltsam, ja wirklich, aber im Endeffekt war es doch Scheiße. Außerdem glaubte ich immer mehr, meine wahre Identität zu vergessen, sie zu verlieren. Nach langem Grübeln kam ich jedoch zum Schluß, daß der Mensch von vornherein keine Identität besitzt. Sie wird ihm entweder aufgezwungen oder er legt sich selbst eine beliebige zu. Manche wechseln selbige, so wie man sich ein neues Auto kauft oder so, aber mit der Zeit bleibt einiges wenigstens innerlich hängen, und man kann bald nur noch sein Äußeres wechseln, und das nur schwer.

Auf die Dauer wurde der Kapitalist auch zu langweilig und zu abgedroschen. Mal kurz umziehen, und ich war ein Rationalist. Die neue Rolle lag mir, sehr sogar. Ich leugnete jede Art von Gefühlen. Liebe funktionierte für mich nur nach dem cash and carry-Prinzip; gib du mir deine Liebe, dann gib ich dir auch meine, und damit sind wir quitt. Doch diese Form von Liebe definierte ich nicht als geistige Zuneigung, sondern lediglich als sexuelle Begierde, als Trieb des Menschen. Im Grunde war ich jedoch ein schrecklich sensibler Mensch. Es war eine Zeit, in der ich nur Beziehungen zu unprofessionellen Nutten hatte. Nichts da von einem harmonischen Miteinander, von einem gegenseitigen Verstehen. Das Verhältnis mit einem Mädchen reduzierte ich zu dem, was es wirklich war, nämlich auf die gegenseitige Befriedigung des Triebes. Mit der Zeit kam ich immer mehr von meinem rationellen Denken ab. Ich begann zu trinken und viel zu rauchen und hatte eine Menge Spaß daran. Diese Art zu leben war meine neue Maxime, that was the message. Es gefiel mir, mich gehen zu lassen, auf jeden guten Vorsatz und auf die Menschlichkeit in mir zu scheißen, ja, so klischeehaft es auch klingen mag, es half mir sogar über meine verdammte Depression hinweg. Ich wollte ein volles Leben, so irgendwie im Sturm-und-Drang-Stil; in einer kurzen Zeit möglichst viel erleben. Der Augenblick war wichtig, immens wichtig.

Wieder wurde ich zum Außenseiter, doch man sah zu meinem Unglück in mich hinein, sah meine innere Verzweiflung, mein verstecktes Bedürfnis nach Zuneigung. Wieder empfand man Mitleid mit mir. Scheiße, ich wollte nicht bemitleidet werden, und schon gar nicht, daß man mir half. Ich wollte als depressives menschliches Wrack anerkannt werden, aber man ließ mir keine Ruhe, nein, und ich wurde weich und wieder „normal", und irgendwie war es mir auch recht. Also hörte ich mit dem Trinken und mit dem Rauchen auf, denn ein kleiner Kollaps und häufige Schwindelanfälle hatten mir auch zu denken gegeben. Komisch, ich, der ich noch immer mit meinem Leben unzufrieden war, machte mir Sorgen um meine Gesundheit. Das machte mich nachdenklich, sehr nachdenklich; ich fühlte mich um meine Selbstmordgelüste betrogen, ich meinte, meine Umgebung hätte mir eine gewisse Zufriedenheit aufgezwungen.

Ich fand die Lust am Malen wieder, die ich schon vor längerer Zeit verloren hatte. In meiner Kindheit wollten mir verschiedenste Bekannte, darunter auch eine Malerin, einreden, daß ich ein gewisses Talent dazu hätte — ich muß zugeben, daß mir so manches auch jetzt noch recht gut gelingt. Von wegen Stil hatte es mir Dali mit seinem makabren Surrealismus angetan. Ich zeichnete von Schraubzwingen zerdrückte Babyköpfe, von Maden und ähnlichem Getier zerfressene Körperteile usw. — kurz: ich ließ meiner Phantasie freien Lauf. Alle waren schockiert, weil ich fast nur mehr über irgend etwas Makabres redete. Man erklärte mich für wahnsinnig, für schizophren, und das gefiel mir wieder ungemein. Ich glaubte, mein Ziel endlich erreicht zu haben, meinem Leben zum ersten Mal einen Sinn gegeben zu haben, ja ich glaubte, das non plus ultra erreicht zu haben. Alles, was ich nun produzierte, hatte etwas Mysteriöses an sich ... alles nur eine neue Identität, ein neues Marketing, um ein neues Image auf den Markt der Gesellschaft zu bringen, nichts da von einer neuen Lebensaufgabe, von irgend einer sogenannten persönlichen Entfaltung, alles nur eine billige Show, um irgendwie aufzufallen, um nicht unterzugehen im Ozean der Stereotypie. Ich war praktisch eine Maschine, die darauf programmiert war, sich zum geeigneten Zeitpunkt ein neues Äußeres anzulegen. Mit der Zeit strengte es mich wirklich an, mich dauernd umzustellen und auch immer wieder etwas Neues zu finden. Ich fand es auch recht dumm, ja es ödete mich an, immer wieder versuchen zu müssen, etwas anderes zu sein, als es die anderen waren. Ich war müde, ständig irgendwelchen Zielen nachzulaufen, die ich mir selbst steckte. Kaum war eines erreicht, so war schon wieder ein neues in Aussicht.

Nun, das ist meine Geschichte. Urteil möchte ich keines fällen, aber du wirst dich sicher nicht wundern, wenn ich dir sage, daß ich jetzt gerade auf irgendwelchen Schienen liege und auf so einen verfluchten Zug warte. Ich habe nämlich versucht, in meinem bisherigen Leben einen Sinn zu finden, und bin gescheitert. Ich bin mein ganzes Leben lang nie ich selbst gewesen, habe mich immer anpassen müssen, habe das tun müssen, was mir meine jeweilige Rolle vorschrieb, was mir mein Drang zum Überleben vorschrieb. Doch heute tu ich einen Schritt, zu dem ich mich selbst entschlossen habe, den mir niemand vorschreibt; ich verfüge über das letzte, was mir geblieben ist, über mein Leben. Für ein paar Sekunden, was sag ich da — für den Bruchteil einer Sekunde werde ich zum ersten Mal richtig leben, weil mir da niemand etwas sagen wird und weil ich da vollkommen alleine bin. Ein komisches Gefühl, plötzlich zu wissen, all die Jahre umsonst verschissen zu haben.

Jetzt spür ich schon, wie die Schienen vibrieren, die damit das Ende prophezeien. Immer näher kommt der Zug, kommen die Räder, die keinen Kompromiß kennen, die alles zermalmen, was zu schwach ist, weil es müde ist, sich dauernd gegen etwas zu wehren, wogegen man sich nicht wehren kann, müde, ewig überhört zu werden. Nicht mehr lange, dann ist soweit. Jetzt kann ich ihn hören. Sein Brausen untermalt durch dieses monotone Gepolter, welches ihn voranzutreiben scheint, fast menschlich dünkt mir dieses Geräusch. Ich kann ihn jedoch nicht sehen, weil ich hinter einer Biegung liege. Er wird nicht bremsen können, weil er mich zu spät bemerken wird, wenn er mich überhaupt bemerken will, und außerdem ist es ein sehr langer Zug, den man nicht so leicht aufhält, ich hab mich da erkundigt. Doch da ist er jetzt. Frühlung ist es doch, oder? Ich seh ihn. Eine wirklich schöne Zeit. Gleich ist es so weit, zu schön, gleich, gleich — doch irgend eine Kraft läßt mich aufstehen, blitzschnell, ich rette mich in den nebenan liegenden Graben, und der Zug donnert vorbei.

WILFRIED RESCH

Der Hang

Vielleicht fünfzehn Minuten, dachte Ferdinand, sei er jetzt bereits gegangen, fünfzehn Minuten, an welche ihm jegliche Erinnerung fehlte. Aber er wußte, daß es nicht mehr weit war, und er ging dem deutlich erkennbaren Berg entgegen. Er mußte nur noch die Ebene überqueren und dann den Berg. Vielleicht eine halbe Stunde, vielleicht eine ganze, aber bestimmt nicht viel länger, dachte er, dann werde er am Fuße des Berges sein, und dann nochmals eine Stunde oder eineinhalb, um ihn zu überwinden. Fünfzehn Minuten sei er nun schon gegangen, an welche er sich nicht mehr erinnern könne, wie er feststellte, seit er den Bahnhof, sofort nach der Ankunft seines Zuges, mit welchem er hierher kam, verlassen hatte. Auch die Zugsreise sei ihm nicht mehr richtig gegenwärtig, schon zu verschwommen, um sich noch genau darüber Auskunft zu geben. Wohl könne er sich noch an gewisse Einzelheiten der Fahrt erinern, er sei ja auch über vier Stunden in jenem Zugabteil gesessen, wie er nicht ohne ein Lächeln feststellte, absolut alleine, in sich fortbewegender Einsamkeit. Da seien die Felder gewesen, die Ortschaften, die einzelnen Häuser, das Schloß, die Tiere, wahrscheinlich auch Menschen und anderes mehr. Nur das Licht war etwas eigenartig. Die ganze Bahnfahrt dieses entsetzliche Licht, dieses nichtwärmende Sonnenlicht, das ihn andauernd in seinen Überlegungen gestört hatte, ihn seine Entscheidung nicht richtig nachvollziehen ließ. Andauernd sei er abgelenkt gewesen, dachte er, nicht von den Eindrücken, die keine waren, da sie nichts in ihm hinterließen, nur so von sich abgelenkt und dabei die immerwährende Angst, daß jemand zusteigen können, sich zu ihm ins Abteil setze und ihn mit Fragen belästige. Dies sei nicht geschehen, wie er auch jetzt noch mit Erleichterung feststellte. Die ganze Fahrt sei er absolut alleine in seinem Abteil gesessen, dachte er, in seiner fahrenden Klausur, und habe nur an den Berg und diese Ebene gedacht, wohl mit Unterbrechungen, da ihn dieses Licht sehr gestört habe; aber andererseits, da niemand zugestiegen sei, vielmehr niemand in sein Abteil gekommen sei, ließ dieses entsetzliche Licht, diese Lichtunterbrechungen, als lästige, doch nicht gedankentötende Nebenwirkung erscheinen, und vor allem der Umstand, dachte Ferdinand, immer auf den vor ihm liegenden und seines Glaubens in zwei Stunden überwundenen Berg blickend, daß niemand in sein Abteil zugestiegen sei, ließ ihn an ein gutes Vorzeichen glauben, wie ein Musiker, der, nachdem er das Praeludium gemeistert hat, sich nur noch auf die Fuge konzentriert und nur noch, soweit als unbedingt notwendig, sich des Praeludiums rückerinnert, wie es die Fuge benötigt. Das Praeludium gehöre zur Fuge, dachte Ferdinand, obwohl sie nicht im gleichen Verhältnis zueinander stünden, vielmehr komme der Fuge ein überdimensional größeres Gewicht zu, als dem Praeludium, gleichwohl sie doch in gewisser Weise, zwar nicht immer, aber meistens, voneinander abhängig seien, zweifellos irgendwie miteinander verknüpft, und es schien ihm, die Zugsfahrt sei sein Praeludium gewesen. Zweifellos, so dachte er, manchmal nach dem Berg blickend und immerfort gehend, vor allem in gleichmäßigen Bewegungen, die das Gehen soweit automatisieren, daß es nicht zu einer Belästigung, sondern ganz im Gegenteil zu einer leichten und, was besonders angenehm sei, zu einer nebensächlichen Erscheinung werde, zweifellos habe er die praeludierende Zugsfahrt überstanden — hinter sich gebracht. So eine Zugsfahrt sei eigentlich gar keine richtige Erholung, wie immer behauptet wird, dachte er, da er vollkommen müde und erschöpft angekommen sei und nur deshalb, weil er das Gehen automatisiert, also als nicht wahrnehmbar gestaltet habe, habe er sich so rasch erholen hönnen. Eigentlich sei eine Zugsfahrt nichts anderes, als eine unangenehme Form von nervöser Anspannung, denn ohne weiteres könne es ja sein, daß man von jemand belästigt werde, obwohl, wie er wußte, es nicht unbedeutend sei, zu welcher Zeit man reise, da man, reise man um diese Zeit, unweigerlich mit jenen zusammentreffe, reise man früher, mit jenen usf. Der Zeitpunkt des Reiseantritts sei von nicht zu unterschätzender Wichtigkeit, will man nicht den Glauben an das Gelingen seiner Angelegenheit schon zu Reisebeginn gefährden. Es sei ja eigentlich die Fuge das Wesentliche, dachte er, einfach so dahingehend, obwohl, wie er sich zugestand, Praeludium und Fuge zusammengehörten, ganz besonders in seinem Falle. Diese planierte Ebene bereits dem Gehenden überhaupt keine Schwierigkeiten, da sie scheinbar glatt wie Asphalt sei und doch die Form und Substanz eines guten Wanderweges, also nicht zu hart und nicht zu weich, habe. Fünfundzwanzig Minuten sei er nun schon gegangen, und der Berg sei noch nicht näher gerückt, aber das geschehe ruckweise, wie er sich aufgrund seiner Erfahrung eingestand, denn so ein Ablauf geschehe nie kontinuierlich, sondern immer eigentümlich versetzt. Daß dieser Schritt von Wichtigkeit gewesen sei, dessen sei er sich immer bewußt gewesen, nur habe er den Antritt dieser Reise immer hinausgezögert, und jetzt, da er nun ging und bemerkte, daß er überhaupt keine Schwierigkeiten mache, könne er sich gewisse Vorwürfe, aufgrund seines Zögerns, nicht ersparen. Er wisse eigentlich nicht, warum er so lange zugewartet habe, Jahre zugewartet, um endlich diese Reise anzutreten, denn nichts mehr habe ihn dort, von wo er aufgebrochen sei, gehalten, schon seit Jahren sei überhaupt keine Verbindung mehr zu diesem Platze gewesen, und doch habe er gezögert, gleichsam hinausgezögert, verschoben, gezögert und wieder verschoben. Weder der Platz noch die mit diesem Platze verbundenen Personen hätten noch die Bedeutung, die sie zu Beginn gehabt hatten, da sie langsam, also kaum merkbar, nebensächlich geworden seien, immer nebensächlicher, bis zu jenem Punkt, wo sie abrupt wie nicht mehr vorhanden waren, und er habe, wohl in der Hoffnung, es könnte doch wieder anders werden, so wie früher, zugewartet und verschoben. Er hätte sofort nach dem Bruch fort, diese Reise antreten müssen, aber er habe nichts anderes getan als zugewartet in seiner nunmehrigen Bindungslosigkeit und trügerischen Hoffnung. Er habe einfach nach zusammenhaltenden Bändern gesucht, wohl, wie er sich eingestand, nach überspannten, nur waren sie, was er damals unter gar keinen Umständen wahrhaben wollte, schon vollkommen zerrissen, und die wenigen, die noch nicht zerrissen waren, waren durch ein Näherrücken, was schlimmer als ein Zerreißen sei, so geschlafft und daher wie ebenfalls nicht mehr vorhanden. Dies sei ja das Eigenartige, daß, wenn sie näherrücken, die Bänder erschlaffen, wie ein Gummi, der sich ausdehnt und je näher, desto weiter weg und ganz plötzlich wie nicht mehr vorhanden, obwohl noch ganz, aber doch zerrissen, und Ferdinand ging und ging. Er setzte die Schritte behutsam und zielsicher, und er kam vorwärts. Er ging gleichmäßig, an die Umgebung angepaßt, an diese Ebene, die er gar nicht beachtete, wohingegen er manchmal nach dem Berg blickte, sich jedoch den Gräsern und den vereinzelt herumstehenden Sträuchern dieser baumlosen Ebene in keiner Weise widmete, sondern nur sich selbst, dem Berg und seinem Gehen. So an die vierzig Minuten sei er nun schon gegangen, dachte Ferdinand, und es schien ihm, daß der Berg, anstatt daß er größer, natürlicherweise größer werde, da man ja auf ihn zugehe, kleiner werde. Ganz unmerklich nur sei der Berg, so erschien es ihm, kleiner geworden, obwohl er größer hätte werden sollen, aber dies sei nur eine Sinnestäuschung, wohl aufgrund einer Übermüdung. Die Zugsfahrt sei doch anstrengender gewesen, als er geglaubt habe, habe sie doch seine Sinne und seine Wahrnehmungsfähigkeit beeinträchtigt, trotzdem er körperlich, weil er ja nicht mehr der Jüngste sei, keinerlei Ermüdung feststellen könne. Er habe sich wohl in der Zeiteinteilung ein wenig verschätzt, die Zeit für die Durchquerung der Ebene als zu kurz berechnet, und da ja der Berg kleiner sei als ursprünglich angenommen, die Zeit der Überquerung des Berges als zu hoch angesetzt. Wie man sich doch so verschätzen könne, dachte er, selbst wenn man glaube, absolut sicher, soweit das überhaupt möglich sei, zu sein und sich dann ganz und gar auf diese selbst berechnete Sicherheit verlasse. Man könnte sich nicht einmal auf seine eigene Einschätzung und vermeintliche Sicherheit verlassen, geschweige denn auf die der anderen. Diese häufigen, wenn nicht gar permanenten Fehleinschätzungen gegenüber seiner eigenen Person wie auch gegenüber anderen Personen, vor allem gegenüber denjenigen, die einem vermeintlich nahe stünden, wie auch jene Fehleinschätzung, nicht genau erkannt zu haben, wann es an der Zeit sei, aufzubrechen. Man lasse seinen Einschätzungen immer soviel Raum, daß man sie ohne weiteres noch scheinbar korrigieren könne, was keinen anderen Raum als einen Hoffnungsraum darstelle, quasi eine sich im vorhinein geschaffene Ausweichmöglichkeit, eine Parkgelegenheit, und man vergesse zu oft dabei, rechtzeitig aufzubrechen, dachte er, während er wieder den Berg beobachtete und keinerlei Veränderung wahrnehmen konnte. Weder sei er in den letzten Minuten kleiner geworden noch größer, dachte er, vielleicht doch ein wenig größer, denn unmerklich habe er, wie er jetzt wahrnahm, seine Schritte in den letzten Minuten etwas beschleunigt. Es sei doch wohl mit einer gewissen Art von Angst verbunden gewesen, daß er schneller zu gehen angefangen habe, doch müsse er nun wieder etwas bremsen, denn das gleichmäßige Gehen sei weitaus angenehmer und weniger ermüdend. Das Unterbewußte habe seine jetzt wieder angepaßten Schritte schneller werden lassen. Es sei meistens die unbewußte Angst, die zu Handlungen hinreiße, die einem im nachhinein leid täten, denn wenn er nicht auf seine automatisierte Gehgeschwindigkeit achte, werde er unproportional schneller ermüden. Nicht nur der Zeitpunkt, wann man aufbreche, sei wichtig, sondern auch die dafür gewählte Geschwindigkeit, und da er fast schon zu spät von diesem Platze aufgebrochen sei, habe er geglaubt, nur im Unterbewußtsein, Zeit aufholen zu können, was aber völlig unmöglich sei. Natürlich habe er zu spät erkannt, daß es an jenem Platze kein Aushalten mehr geben könne, doch habe er gerade noch rechtzeitig die Konsequenzen gezogen und sich an heutigen Tage, zur richtigen Zeit, in den Zug gesetzt und sei abgefahren, habe alles bereits schon Abgebrochene abrupt verlassen, habe sich in den Zug gesetzt, um es endgültig zu machen, dachte Ferdinand und blickte wieder gegen den Berg. Ohne daß er es bemerkte, hatte er, während er ging, oft, in regelmäßigen Abständen, auf den Berg geblickt, und er sei, wie er feststellte, wieder kleiner geworden. Nur unmerklich, doch es könne kein

Zweifel bestehen, der Berg sei wieder etwas geschrumpft. Anscheinend sei die Ebene doch nicht so flach, wie er vorher angenommen habe, denn es scheine, daß sie, beim Gehen gar nicht wahrgenommen, also unmerklich, ansteige, denn nur so könne es möglich sein, daß der Berg, anstatt daß er näherrücke und daher größer werde, kleiner werde. Es sei sicher seiner Bahnfahrtübermüdung zuzuschreiben, daß er diese leicht ansteigende Ebene als eine flache, vollkommen gleichmäßige angesehen habe, dachte er, wohl auch deshalb, weil er, wie er jetzt glaube, sein Hauptaugenmerk von Anfang an gar nicht auf die Ebene gerichtet, sondern sofort nur den Berg wahrgenommen habe, da ihm dieser als sein Endpunkt erschien.

So wie die Zugsfahrt und das Gehen sich wie Praeludium und Fuge verhalten, so verhalten sich auch Ebene und Berg und Ferdinand ging. Er nahm keinerlei Notiz von der Beschaffenheit des Bodens, der einmal karstig, ein andermal wiesenähnlich und weich war. Der Boden schien für Ferdinand nicht vorhanden zu sein, ebensowenig der Himmel, der den ganzen Tag schon leicht bewölkt war, auch nicht die wenigen Vögel und anderes Getier, welche sich hier, in jener nicht gerade freundlichen, weil kargen Gegend, aufhielten. Ferdinand ging vorwärts, dem kleiner werdenden Berg entgegen, und er ging gleichmäßigen Schrittes, an Praeludium und Fuge, also an sich, denkend.

Wie er sich nur so habe irren können, dachte er, denn auch jetzt, nachdem er schon über eine Stunde gegangen sei, sei der Berg noch kleiner geworden. Es könne doch nicht sein, daß der Berg nur in seiner Vorstellung existiere. Dies sei nur ein Gedanke der Angst, denn die Ebene müsse doch noch steiler sein, als er vorhin angenommen habe, und nur aufgrund seines genau kalkulierten automatisierten Gehens sei ihm das nicht aufgefallen. Er habe einfach die Ebene unterschätzt, die gar keine Ebene sei, sondern ein Hang mit mittlerer Neigung, und es könne nur die Übermüdung der Bahnfahrt gewesen sein, die ihn zu jener Fehleinschätzung der Bedingungen geführt habe. Man müsse immer auf das Äußerste konzentriert sein, um etwas richtig einschätzen zu können, sonst übersehe man unweigerlich wichtige Anzeichen. Das Nichtwahrhabenwollen habe ihn solange an jenem Platze verweilen lassen, bis es fast zu spät gewesen sei, wie er auch das Näherrücken als ein Spannen und nicht ein Erschlaffen der Bänder gewertet habe, schon gar nicht als ein Reißen, und doch sei es gerade ein Reißen gewesen. Er habe fast zu lange zugewartet und Erscheinungen wahrgenommen, die nur einer trügerischen Hoffnung entsprungen waren. Ganz plötzlich sei ihm die Einsamkeit bewußt geworden, dieser Zustand, in welchem er schon so lange verweilte, aber erst das Wahrnehmen habe ihn sofort aufbrechen und alle Brücken hinter sich abbrechen lassen, um hierher zu gelangen, diese Ebene und diesen Berg zu überwinden, der immer kleiner werde, aber trotzdem deutlich vorhanden sei.

Plötzlich bekam Ferdinand Angst und blieb stehen. Er blickte gegen den kleiner erscheinenden Berg, um sich dann das erste Mal umzudrehen.

Der Berg werde immer kleiner, dachte er, und auch der Ausganspunkt, der Bahnhof, sei nicht mehr sichtbar, wie ihm auch der Hang, wenn er sich umdrehe, und er drehte sich ein zweites Mal um, wie eine Ebene, eine vollkommen flache und vollkommene Ebene, erscheine, was er sich nicht erklären konnte. Er müsse jetzt unbedingt weitergehen, vielleicht ein wenig rascher, natürlich nicht zu rasch, nur ja nicht wieder stehenbleiben, denn ganz egal, wie es sich in Wirklichkeit verhalte, der Berg sei, wenn auch immer kleiner werdend, in Wirklichkeit vorhanden, und um ihn zu überwinden, habe er diese Reise, nachdem er mit jenem Platze abgerechnet habe, angetreten. Er werde, nachdem er die Zugsfahrt, also das Praeludium, absolviert habe, auch noch diese Ebene, also die Fuge, absolvieren. Er werde diese Fuge meistern, weil er wolle und müsse, denn nicht umsonst habe er jenen Platz abrupt verlassen, seine Vergangenheit hinter sich lassend, und sei aufgebrochen. Es sei doch lächerlich zu glauben, diese Ebene nicht überwinden zu können, auch wenn man sich zu Beginn so verschätzt habe, aber aufgrund der Hoffnung oder genaugenommen der Freude, noch rechtzeitig aufgebrochen zu sein, könne es ohne weiteres vorkommen, sich so zu verrechnen. Natürlich habe er ein wenig Angst bekommen, als er stehengeblieben sei, dachte Ferdinand, der nun fast doppelt so schnell ging, mit leichtem Ansatz zu einem Laufen. Sein Gehen war nicht mehr jenes Gehen wie zu Beginn, sondern es war ein anderes, ein schnelleres, ein hastenderes, und doch zeigte er scheinbar keinerlei Anzeichen einer Ermüdung.

Er müsse weitergehen, dachte er, müsse unbedingt weitergehen, auch wenn der Berg kleiner und kleiner werde. Er sei noch kein bißchen müde, wohl aufgrund des von ihm praktizierten automatischen Gehens, welches er schon seit seiner frühesten Kindheit immer und immer wieder erfolgreich angewandt habe, auch an jenem Platze, den er, genau zum richtigen Zeitpunkt, Hals über Kopf, ohne das Geringste mitzunehmen, weder ein Gepäcksstück noch irgendetwas anderes, verlassen habe, sondern einfach aufgebrochen sei, weil er aufbrechen habe müssen, sich in dieses Musikstück, wie er es jetzt nenne, sein Praeludiun und seine Fuge, werfen habe müssen, gleichsam angetreten sei und noch immer darin trete, musiziere, obwohl der Berg immer kleiner und kleiner werde und dabei doch nie verschwinde, was zur Folge habe, daß die Ebene immer größer werde, scheinbar unüberwindbar, doch er werde die Ebene bezwingen, denn nicht umsonst habe er alle zerrissenen Bänder zerrissen, sein gelassen, sei aufgebrochen, sofort, obwohl er vielleicht ein wenig zu lange gewartet habe, habe sich sogleich auf den Weg gemacht, sich auch keine Minute zu lange auf dem Bahnhof aufgehalten, sondern sei unvermittelt aufgebrochen und losmarschiert habe auf nichts mehr Rücksicht genommen habe auch auf nichts mehr Rücksicht nehmen können weder auf seine Freundschaften an jenem Platze noch überhaupt Rücksicht absolut keine Rücksicht rücksichtslos die überdehnten Bänder die Gedehnten die Zerrissenen die Durchschnittenen noch nicht Zerrissenen alles einfach völlig rücksichtslos allein habe sich in den Zug gesetzt sei aufgebrochen habe die Bahnfahrt das Praeludium aufsichgenommen um die Fuge ja die Fuge nur nicht mehr zuwarten habe er können keine einzige Minute oder er wäre verloren gewesen und der

Berg werde kleiner ohne zu verschwinden die Ebene immer länger Praeludium er müsse gehen der Bänder wegen oder auch wegen ihm selbst  einfach dahingehen nur nicht aufgeben der Berg die Ebene die Fuge er werde alles schaffen gerade rechtzeitig sei er aufgebrochen nicht sofort aber doch gerade zum richtigen Zeitpunkt alles abgebrochen den Platz verlassen andauerndes Adagio ins Praeludium geworfen schnelleres Tempo wie Fuge er müsse gehen der Berg er er 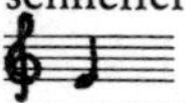 lange Bahnfahrt ermüdend sie habe ihn doch mehr zugesetzt als erwartet wie jener Platz aber alles geschieht übergangslos völlig abrupt Einsamkeit habe ihn befallen und er sei weg fort nur fort habe sich nicht mehr umgedreht ohne Bedauern wenn der Berg immer kleiner und kleiner doch immer da so endlos werde nie sei er müde Fuge Gehen automatisiert immer weiter den Berg Blick fort Bänder er nur vorwärts nur nicht die bänder alles sofort aufgeben sich rücksichtslos in den zug gesetzt landschaftsbilder am fenster tiere schloß gräser bäume wald praeludium vielleicht auch menschen rücksichtslos bänder zerrissen abgebrochen abrupt fuge gehen er müsse 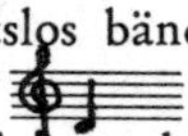 einsamkeit die kunst der fuge der berg kleiner und kleiner und immer vorhanden endpunkt kann nicht sein muß gehen sinnlos muß gehen in einem fort so rücksichtslos wie aufgebrochen nur keine angst immer weiter auch wenn der berg kleiner und bänder und menschen abrupt rücksichtslos nur fort und er sei ohne zu zögern aufgebrochen keine minute zu verlieren und gehen und gehen fuge er müsse weiter so weit schon die bänder gleich der berg kleiner und kleiner fast zu spät aberweitermüsseergehendiemenschenund
bänderkönnenmüdenichtmüdemüssegehenpraeludiumlandschaft
schloßtierenurweiterderbergkleinerdaderberglängereebene
kannnichtmehrfortkunstderfugewosindderbergdiebänderangst
nurweitermüsseergehenkleinerderberg 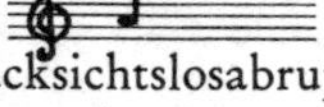 geradejetzt
regelmäßigpraeludiumautomatisiertrücksichtslosabruptsofort
bahnhofaufgebrochenfortzerrissengedehntbergnäherrücken
kleinerundimmerkleiner hoffnungmüssegeraderecht
zeitigaufgebrochenhabefortgehenfugeundweiterderbergver
schätzteinsamqualwerdemüssegehenautomatisiertkonsequenz

bänderplatzeinsamgezogenmüsseerfortschlaffbergkleinerzusam
menpraeludiumwohlauchmen  bändlanderschaft
müssrechzeiabruptigfugplatzfort

VALENTIN VERATSCHNIG

Seelensplitter

Irgendwann, in der Nacht, erschreckt zwischen dem Gestern und Morgen aufwachen, sich an den Alptraum erinnern wollen, dann sich ängstigen vor der Angst, den Schlaftraum vergessen. Einfach stilliegen, minutenlang nicht den Mut finden zu einer ersten Bewegung, die wirren, durch den Kopf surrenden Gedanken ordnen wollen. Wenn ich mich rühre, denken, wenn ich mich jetzt rühre, kommt ein großer Schmerz, der mich tötet. Unbeweglich daliegen und flach atmen. Ich bin ein Sammelsurium von Worten, die sich selbständig machen, mir nicht mehr gehorchen wollen. — Wer hat mich geweckt? — Es sind Worte, die sich einbrennen in mein Hirn, mich beherrschen, bis ich sie hinschreibe, auf unschuldiges Papier hinkritzle.

Worin besteht der Unterschied zwischen Reden und Schreiben? Und das Denken — es spielt sich auf zwei verschiedenen Ebenen ab, die sich gegenseitig den Rang streitig machen. — Das Schreiben, ein Akt der Schizophrenie. Wir fahren direkt, ohne es zu merken, in den Tod, gelöst, ganz gelöst, ganz aufgelöst.

Die Worte, auf der Suche nach dem Sinn, nach dem Sinn der Verständigung, die dort beginnt, wo unser Denken endet. Zwei Eisblöcke, die sich begegnen, das Abtasten erfolgt vorsichtig, ganz vorsichtig. Wir schleppen einen Berg Angst mit uns herum, vor uns und hinter uns, das macht uns müde, uns bleibt nicht mehr genug Energie füreinander, denke ich, am Anfang, nur am Anfang ... Die Zeit, sagst du, wir müssen sie durchstehen mit all ihren Krisen, auch wenn sie uns tötet ... Das muß so sein, sagst du sagst du sagst du ...!

Die Gefühle sind bereit, doch sie können nicht sprechen, dürfen es nicht, noch nicht. Wenn wir ihnen lange genug lauschen, dann könnten wir auch lernen, miteinander umzugehen, ohne zu verdorren. (Können wir es tatsächlich lernen?) Ganz egal, wie wir uns dem Leben auch nähern, es muß durch uns selbst geschehen, es muß durch das eigene Selbst geschehen. Es kann uns niemand sagen, wie, wann und wo wir es tun können. Nichts kann sich dieser, unserer Last noch hinzufügen, wir sind uns selbst Last genug. Das Leben ist eine Prüfung — und die Liebe ist die Prüfung der Erfahrung. Jene, die diese Erfahrung durchlebt haben, können nicht darüber reden, denke ich mir, da uns die physische Sprache dazu fehlt.

Er dachte, obwohl er das Bedürfnis hatte, den Traumschlaf nicht überstürzt zu verlassen, die graue Angst nicht vor der Erfahrung abzulegen. Wie verwandt sind die Träume, die unser Denken beeinflussen, mit unseren Gefühlen?

Sind nicht alle Menschen Narren, denkt er, wenn sie nicht das gehört haben, was durch ihre Herzen donnert? Jemand liefert die Liebe, die anderen die Angst, gemeinsam landen sie alle auf dem Schuttplatz der Zeit. WIE ABER SOLLTEN WIR UNS ZÄRTLICHKEIT ERWEISEN?

Wie die alle lachen, sagt die Angst, sie haben ein verborgenes Gesicht, das ist die Entdeckung der zornigen Augen mit dem sanften Blick. Er ging durch die Straßen, die Häuser standen Schulter an Schulter, so, als wollten sie menschliches Leben unmöglich machen. In den Vorstädten die Einfamilienhäuser mit dem Charme toter Großmütter in ihren mottenzerfressenen Fuchspelzen. Herbst, dachte er, und schmutziggrüne Neonengel fallen von den bereits blattlosen Bäumen. Durch die Straßen weht das Blut gefrorener Herzen, trägt den Hauch verfaulten Lebens herein — mitten ins Hirn, und später, da treiben bestialisch stinkende Gedanken uns zum Wahnsinn. Ich muß mich aufrichten, erwachen aus diesem Fiebertraum der Angst, die mir überlegene Schwerkraft überwinden, voll und ganz, muß meine Gefühle steigen lassen wie Papierdrachen im Wind. Das Leben zu ... meinem machen, die Worte und Gedanken. Ich bin alles, dachte er, aber bin ich du? (Du ... Du ...)

Mit dem Werkzeug der Sprache das Rohmaterial Wort behauen — eine Skulptur aus Worten. Der Stein, den ich sprengen sollte, denke ich mir, zerfetzt mein Hirn ... welche Mittel aber haben wir schon? (Ein Wort aus Stein für alle Menschen, was aber wird daraus?) War alle sind Puppen aus Glas, verschmiert manchmal, stolpern durchs Leben, fallen oft, denke ich mir, und zerspringen in tausend Scherben, in denen sich die Welt spiegelt. — Zerspiegelt das Leben, die Seele noch immer nicht sichtbar. ZERSPLITTERT ...

Das ist die Ursache des Chaos, dachte er, ein Splitter will die Herrschaft übernehmen über die restlichen neunhundertneunundneunzig Splitter. Total entspiegelt, sagst du, die Welt ist ein großes Warenhaus, darin nimmersatte Registrierkassen, die Splitter sammeln ... SEELENSPLITTER. Auch du bist eine Splitterseele, sagst du, und ich auch, wir alle ...

Du bist meine Mondfrau, denke ich, du hast mir geholfen bei meiner zweiten Geburt, du warst meine zweite Hebamme. Du hast mich in Liebe getränkt, das war meine zweite Taufe. Wir sind am Weg angelangt, wo die Zeit nichts mehr bedeutet. Stille ist dort das leise Plätschern jener Stimme, die im Innern der Seele klingt, sage ich; fahre dir dabei zärtlich mit meinen Händen übers Gesicht. Du schließt die Augen, kuschelst dich an mich — wie eine Katze, du schnurrst wie eine Katze. KUSCHELTIER ...

Aber wenn die Menschen innehalten, sagst du, hören sie nur das Brubbeln eines übervollen Magens, das Klopfen eines traurigen Herzens, das Glucksen des Weines in den Eingeweiden und das Rauschen des Blutes zwischen den Ohren. Ja, denke ich, du hast recht, jeder Mensch ist sich selbst sein liebster Fetisch. Du sagst, man muß sich von sich selbst erlösen. Der größte Fehler ist es, zu glauben, alles überstehen zu können. Ich möchte einmal so alleine sein, daß ich mich selbst übersehe, sagst du.

Ich schreibe, ich sei dein Mann — eine Mixtur, die du trinken mußt, um dein Wohlbefinden zu erhalten. Ein noch nicht geborener Mensch. Ich erneuere mich noch, tagtäglich. Dieses Leben, das nicht verzweifeln kann und an dem man verzweifelt. Wir legen unsere Haut nebeneinander, denke ich. Früher, da habe ich alle Küsse für mich behalten und bin daran erstickt, ich hatte Atembeschwerden im Jahr der Traurigkeit. Ganz normal bist du verrückt geworden, sagst du, gerade darum liebe ich dich.

Die Dunkelheit der Nacht stülpt sich über mich, ich werde niemand küssen, mich wird niemand küssen, niemand wird diese Nacht mit mir reden, mich streicheln oder ganz wie irr mit mir durch die Nacht kichern.

Nachmittags, auf der Straße, Frauen gehen vorbei, und ich denke, daß sie mein Blicke abschütteln, wie ein nasses Tier das Wasser. Plötzlich habe ich das Bedürfnis, eine dieser Frauen zu umarmen, einfach so, spiele mich mit dem Gedanken, wage es aber nicht, diesen in die Tat umzusetzen. DER GEFÜHLSPANZER, ein Vorbote des stummen Todes . . ., denke ich mir, wir alle sterben unter der Glasglocke abgestorbenen Gefühls, einsam, ganz einsam. — Eine Frau sitzt neben mir, es ist heiß, sie schwitzt, ich atme ein, sauge diesen Geruch in meine Lungen, nehme ihn mit jeder Pore meiner Haut auf. Endlich eine Frau, denke ich, die auch nach Frau riecht.

Pfeildünnes Entsetzen steigt als Morgengabe in mein Hirn hoch, krallt sich an meine Hände, reißt mir fast die Schädeldecke ab, ich spüre schaumig-nacktes Fleisch — kalt. Zerbrochene Lippen saugen aus verrotteten Tümpeln trockenes Blut . . . steigt und sickert dünn, immer stärker werdend aus meiner Kehle, bis ich mühsam einen blutigen Schrei erbreche. Wortgeknicktes Leben bricht an den tastenden Augen, schimmert ganz verdorben in den Tag. EINGEBLINDETE VERNUNFT strandet an den grausigen Inseln der EINSAMKEIT. Mitgewußtes Entsetzen ätzte die Tränenplatte dort, ein zerkratztes Später keucht eine großartige Hoffnung in taube Ohren, ein verbrannter Augenrand stürzt sich auf nackte Haut. Herzstreifen werden durch flatternde Windstimmen eingedonnert, drehen sich schmerzhaft, rinnen in die geklüfteten Bleiufer des Todes . . . träume ich . . . kalte Wärme tastet mit ätzenden Händen nach meinen Eingeweiden.

Silence is the answer, dachte er, und damals im Sommer — wir tranken Bier und Wein, waren in einem sonnigen Land. Aber, sagst du, das ist doch alles schon vorbei.

Mein Körper ist ein Abfallhaufen für Gedanken, sage ich. Nein, sagst du, erzähl mir lieber von deiner Kindheit. Ich will nicht, sage ich, ich fürchte, daß jene Angst, die mich in meiner Kindheit fast umbrachte, wieder auferstehen könnte. Du mußt, sagst du, du mußt!

Ich weiß noch, in der Volksschule, all die Unterrichtsstunden machten mir Angst, entsetzliche Angst, die in keinem Verhältnis zur Sache stand. Ich wußte nicht mehr, was in den Sommerferien geschehen war, ich hatte jedes Gefühl, jegliche Perspektive verloren. Ich verstand einfach nicht, was meine Kameraden neben mir zeichneten, ich kopierte einfach, und so bekam ich aus meinem Blickpunkt eine ganz falsche Perspektive. Beim Turnen, da verstand ich die Befehle nicht, verwechselte links und rechts. Ich verlor, trotz aller Anstrengungen, den Sinn fürs Praktische, so verschieden die Unterrichtsstunden auch waren, ich hatte immer die gleichen Schwierigkeiten. Oft hörte ich, inmitten der arbeitsamen Stille, die Geräusche von der Straße übernatürlich laut. Es war so, als würde jedes Geräusch von der Reglosigkeit, von seinem Gegestand heraus ... getrennt sein, ganz ohne Bedeutung. Meine Kameraden mit ihren gesenkten Köpfen kamen mir vor wie Roboter, die von einem unsichtbaren Mechanismus angetrieben wurden. Der Lehrer am Pult, er gestikulierte wie eine Puppe. Von draußen kamen diese fürchterlichen Geräusche, die die fürchterliche Stille unterbrachen, im Klassenzimmer Puppen, die ins Endlose starrten. Oft verminderten sich diese Anfälle der Irrealität, wurden von den Zuständen der Euphorie und Schwärmerei für die Natur abgelöst. Mein größtes Vergnügen bestand darin, den Herbstwind durch die Bäume brausen zu hören. Sein Heulen und das ächzende Stöhnen der Bäume jagten mir eine panische Angst ein, verdarben mir mein Vergnügen. Und dann sah ich, wie das grausige elektrische Licht jeden Gegenstand mit einer Helligkeit überflutete, mein

Zimmer wuchs unendlich an, geriet aus den Fugen, die Wände wurden glatt und glänzend. Maßlose Angst stieg in mir auf. Wie gerne hätte ich diesen Kreis der Irrealität durchbrochen, der mich in dieser elektrischen Beweglichkeit zum Stein werden ließ. Alles kam mir mechanisch, elektrisch und künstlich vor. Um da herauszukommen, begann ich mich zu erregen, ich sprang in die Luft, lachte, stieß volle Gläser um, riß mir die Haare aus, biß mir in die Finger, bis sie blutig waren. Während der schlechten Jahreszeit, an stürmischen Tagen, hatte der Wind ein besondere Bedeutung für mich. Sein Klagen, sein Brüllen, seine verzweifelten Schreie ließen mich nicht schlafen, ich wollte und mußte ihnen lauschen. Meine Kinderseele weinte mit dem Wind. Meine Vermutung, daß der Wind eine Botschaft trug . . . und daß ich sie erraten mußte, verstärkte sich.

Du hältst mich in den Armen, fährst mir sanft mit deinen Händen durchs Haar, als die Tränen, meine fast vergessenen Kindertränen, jene grausamen Augenblicke aus meiner Seele schwemmen. Dafür danke ich dir.

Frühere Erlebnisse verarbeiten, Erinnerungen ausquetschen wie eine Zitrone, ach, so gebildet sein, die Worte von sich weisen, mit den Worten auch die Menschen, es kann dir niemand nahekommen, du lebst nur noch von der Erinnerung vergangener Tage, unfähig, ein Haus zu bauen in der Gegenwart, du freust dich, wenn dir einer zwischen die Beine greift, wenn auch heimlich, und oft, da legst du Hand an dich, treibst Unzucht mit dir selbst, Selbstbefleckung sagen die anderen. Siehst du, sagst du, mit mir selbst verstehe ich mich doch noch am besten, ich bin mir eben meine eigene Brücke. — Du lachst über die anderen und sagst, es gibt eben nur den klitoralen Orgasmus (mu:ß?). Ich bin stolz auf dich.

Und hier irgendwo, da muß sie auch begonnen haben, unsere Liebesgeschichte. Samstags haben wir uns getroffen in der Disco . . . sie wollten einander wiedersehen, sie haben einander gesehen und doch nicht angesehen . . . wir haben nebeneinander/gelegen/hatten noch die stampfende Musik (Musik?) in den Ohren und waren müde vom vielen Tanzen. Im Fasching dann — wir hatten unser Geschlecht vertauscht, berauscht vom billigen Wein, zogst du mir die Netzstrümpfe von den behaarten Beinen, setztest dich rittlings auf mich, ohne Worte — und rittst auf mir DAVON.

Eines Tages habe ich den Verstand verloren, ich habe mich vorbereitet für die Opferung, in vier Teile zerschnitten, dann aufs Kreuz geheftet, habe meinen Vater mit einer Nadel erstochen, meine Mutter erdrosselt, meine Schwester geschändet und meine Großmutter mit einem Kochlöffel erschlagen, ich habe dann das Wasser aus dreckigen Pfützen getrunken, habe geweint, habe alle Frauen geküßt, überallhin. Bitte schlage mich, schneide mir die Haut in Steifen, beiß mich wund, schneide mich, reiß mich auf, bitte tu es, sei mein Todesengel, töte mich, und ich werde dich immer mehr lieben. Schneide mich auf — und ich werde dir meine Eingeweide schenken — dich bekränzen mit meinen Därmen. Du siehst, ich bin zu Höherem berufen.

Er konnte es nicht ewig aushalten. Sie so unbeweglich und unpersönlich wie eine Skulptur in einem verlassenen Garten, und er gab vor, im Schlaf zu seufzen, drehte sie und stöhnte, noch immer nackt, zur Seite, hauchte einen schlaftrunkenen Kuß zwischen ihre Schulterblätter. Geschickt und schnell deckte er sie bis zum Hals zu, blieb halb auf ihr liegen, mit den Händen knetete er ihren Körper, dazwischen das Laken ...

Wach auf, sagte er, ich mache eine Statue aus dir, und er ließ keinen Zentimeter ihrer Haut aus, seine Finger verloren sich in ihren Achselhöhlen, umkreisten sanft, fast vorsichtig ihre Knie, gruben sich in ihre weichen, angespannten Schenkel, sie kamen nahe, ganz dicht zwischen ihren Beinen hoch, griffen in ihre beiden hinteren Hälften. Ihr Mund schwoll an, ihre Augen sahen wie zwei tiefe Höhlen aus, die sich in eine Art plötzlicher Bewußtlosigkeit stürzten, bevor sie aber eintrat, wandte ihr jemand, der am anderen Ende des Raumes stand, und doch ganz nah, das Gesicht zu ... und es war ... er.

Ich spüre eine gierige Zunge in meinem Ohr, mit jeder Pore meiner Haut — bin ich bestrebt, dich aufzusaugen ... eine warme, feuchte Zunge, die sich zurückzieht und das erregende Suchen wieder von neuem beginnt ... jemand krallt seine Zähne in meinen Hals, fest, ganz fest, und beißt und beißt und beißt ... GENUSS!!!

... und seine Hand griff in ihr Haar, der Motor lief immer noch, sie küßten sich. Trotzdem blieb es dabei. Es ist zu spät, sagte sie, ein andermal ... Er stieg aus, blieb neben dem Wagen stehen, wollte noch etwas sagen, doch sie legte den ersten Gang ein und fuhr an. Er winkte, sie winkte. Die Scheinwerfer fraßen sich durch die dunkle Straße, fraßen die Kilometer, sorgfältig, Meter für Meter, er sah noch ihren Kopf als Silhouette, der Wagen bog ab, dann war er verschwunden. Er schloß die Tür auf, stieg die Treppe zu seinem Zimmer hoch, oben kroch er, ohne das Licht anzumachen, angezogen ins Bett, drehte sich zur Seite und umfaßte den weichen Polster mit einer zärtlichen Umarmung.

Die Manifestation meines Bewußtseinszustandes, sagst du, ist Angst, wir — die graue Menschenasche im Krematorium der Angst. Die Manifestation meines Bewußtseinszustandes ist Liebe, sage ich, eine Liebe jenseits der Liebe. Liebe ist hier, im Jetzt, sagst du, darum gibt es keine Zukunft, der Tod vollzieht sich immer nur in der Gegenwart, und wer sich vor ihm fürchtet, fürchtet sich auch vor der Liebe. Die meisten von uns werden umsonst gelebt. Während wir uns lieben, hört die Vergangenheit auf ... und die Zukunft hat noch nicht begonnen. Wir begegnen uns zwischen diesen beiden Dimensionen, sind endgültig aufgegangen im JETZT. Wer liebt, darf nicht mehr sein, muß Liebe sein, muß die Liebe selbst sein, sage ich, muß die Umarmung sein, der KUSS. Deine Liebe, sagst du, ist ein Fall ins Bodenlose. Ja, sage ich, ich falle gerne, Menschen sind wie Steine, nur ein wenig härter ... an einigen Menschen bin ich bereits zerschellt.

Die Liebe, fragst du, ist das die Verständigung, die alle meinen? Ja, sage ich, auch der KÖRPER kann die BRÜCKE sein, kann ...

Zu den Autoren

Christian Bader, 9500 Villach, Meisenweg 34. Jahrgang 1960. Studiert in Graz.

Stefan Bulfon, 9220 Velden, Göriach 65. Jahrgang 1968. Schüler.

Gabriele Staller-Demeter, 9020 Klagenfurt, Predilstraße 10. Jahrgang 1961. Studiert in Klagenfurt.

Martina Ebner, 9020 Klagenfurt, Tristangasse 36. Jahrgang 1966. Studiert in Graz.

Elisabeth Ettinger, 9020 Klagenfurt, Geistingerstraße 62. Jahrgang 1958. Nach Abendmatura vor Studienbeginn.

Walter Fanta, 9020 Klagenfurt, Anzengruberstraße 44. Jahrgang 1958. Studiert in Klagenfurt.

Winfried Gindl, 9374 Wieting 21. Jahrgang 1962.

Hannes Glawischnig, 9542 Afritz 25. Jahrgang 1964. Studiert in Klagenfurt.

Egyd Gstättner, 9020 Klagenfurt, Waidmannsdorfer Straße 3. Jahrgang 1963.

Rupert Henning, 9061 Klagenfurt, Emmersdorf 47. Jahrgang 1967.

Dieter Kircher, 9772 Dellach, Rassnig 6. Jahrgang 1958.

Sabine Knafl, 9063 Maria Saal, Hauptstraße 31. Jahrgang 1966.

Wolfgang Koch, 9020 Klagenfurt, A.-Tschabuschnig-Straße 9. Jahrgang 1959.

Peter Krobath, 9020 Klagenfurt, Deutenhoferstraße 6. Jahrgang 1961.

Roland Kutschek, 9121 Tainach 69. Jahrgang 1969. Schüler.

Daniela Lechner-Duffek, 1090 Wien, Servitengasse 15. Jahrgang 1959.

Cvetka Lipuš, 9133 Miklauzhof/Miklavčevo, Sielach/Sele 52. Jahrgang 1966.

Günther Mersich, 9546 Bad Kleinkirchheim, Untertschern 4. Jahrgang 1960.
Gerhard Moser, 1080 Wien, Laudongasse 36. Jahrgang 1962. Studiert in Wien.
Claudia Odebrecht, 9020 Klagenfurt, Seegasse 85. Jahrgang 1969.
Wilhelm Rabtisch, 9071 Köttmannsdorf, Am Teller 3. Jahrgang 1968.
Wilfried Resch, 9300 St. Seit, Spitalgasse 23. Jahrgang 1960. Studiert in Wien.
Valentin Veratschnig, 9131 Grafenstein, Landesstraße 46. Jahrgang 1961.